岩　波　現　代　文　庫

新編
つぶやきの政治思想

李静和
Lee Chong-Hwa

学術 419

岩波書店

目次

（ひとつ）

（ふたつ）

（ひとつ）

つぶやきの政治思想

求められるまなざし・かなしみへの、そして秘められたものへの

（ベー・舟）

分からないこと。分かってはならないこと。消費するのではなく受容しなければならないこと。それは語る私に、聞く我々に、居心地悪さを残す。外部からはどう解釈してもいい。だが、いったん枠に入った瞬間からは、解釈することを拒否しなくてはならない。

それが生きる場だから。

それを語るには、消費されない言葉、生き方における選択につながる言葉を見つけなくてはならない。

一番気をつけなくてはならないのは特殊化してしまうこと。語られる事柄、あるいは語るという行為を特殊化しないようにしたい。語ったあと、聞いたあと、どう生きるかという問いを忘れないために。

生きるということは二四時間の日常の積み重ね。つまり持続。それが生きること、生命そのもの。だから、切れた特殊化をつくってはならない。それをつくらないことで、記憶から生まれた証言や歴史性やシンボル性を、いかに保ちうるか。


これはいくつかの「べー・舟物語」である。

韓国語の「べー」はひとのお腹を意味すると同時に日本語の「舟」でもある。ひとつひとつ個別性を有する物語。生命の在り方、生きてこざるをえない、生きていかざるをえないという両面を含んだ個別性の物語を、男からのまなざしと同時に女からのまなざしを、その両面を見つめたい。

実はもう名付けられるあらゆるものを拒否している私のからだは、その〈べー〉に、その舟に身をゆだねている。これらの物語が、私の、そしてあなたの生に重なることを願いつつ。

（ベー　ひとつ）　　国家・民族・男・女

わたしは渡し舟
あなたは行人
あなたは泥足でわたしを踏みつけました。

（「渡し舟と行人」万海・韓龍雲）

（ベー　ふたつ）　家族・故郷・母・子供

何故生きるかとおたずねする　と

死にきれなくて
おまえのために　だと
そういわなかった　母は

（「僕も母のように」朴ノヘ）

客観化、相対化できない記憶。つまり客観化、相対化するには、物理的な、要するに具体的な時間が必要である。たんに思想、あるいは想像力の強度、そうした思想の観念の力や想像力の飛躍だけでは決して処理できない。つまり客観化、相対化できないという意味は、制限された時間、六〇年、あるいは八〇年、つまり生きている時間と同じように考えることである。具体的な出会いの中では、記憶に対する語りがもちろん必要になってくる。同時にその語りは癒されることを求める、望む、欲望がある。そこで、語りを受ける側のまなざしが問題になる。

そのようなまなざしには、

（ひとつ）　道義性。責任が届く範囲の道義性を含むもの
（ふたつ）　かったるさ。もう分かってる、あまりいちいち言うな、こだわるなという気持ちを含むもの、がある。

語りたいという欲望、癒されたいという望みが可能な場は具体的な対話の場、出会いの場である。そのような場においてこれらのまなざしははじめて生きる。存在の具体的同時性、あるいは私の言葉で言えば体験の一致性。体験の一致性とは身体となった、肉声となった言語のことだけれども、そんなものは不可能だとはじめからあきらめてしまうことが「かったるさ」をうむ。かかわりの程度の問題。もう分かっているということは、時間の不一致性、時間が一致していないということ。それに対するいらだちとせつなさ。記憶に対する距離、存在の距離。相手との距離。よく使われる形では、「日本人 対 朝鮮人」、「日本人 対 在日」、「在日朝鮮人 対 朝鮮人」、そして、あの「男 対 女」。

生きていく訳、あるいは生きていかなければいけない存在の生きる根拠みた

いなものは、当然、

（ひとつ）　戦略的本質主義

（ふたつ）　自分の生に対する、象徴化をともなう自己流の意味づけ

この二つは、近代の人々が生きていく上で本質的に保たざるをえない要素である。ただし、いつも闘うべき対象を設定しなければならないのではない。

脱植民地、ポストコロニアリズムとジェンダーの問題では、韓国のいくつかの米軍基地における売春と軍隊の関係、さらに六〇年代以降続いている都市労働者との関係も含めて何重もの構造になっている。外部から来てすでに内在化されているコロニアリズム。その現状。

米軍兵士とその混血の子どもたちのさらなる売春の問題。徴兵制のはけ口としての女性に対する家庭内暴力の問題。そういういろんな状態。経済発展＝近代化という六〇年代以降続いてきた外部の構造と、アメリカの力あるいは存在

によって同時に生み出された内部の植民地主義。いまだに重なって続いている。最近の一〇代の家出の問題も重なっていく。それが性の産業に、性の商品化の問題につながっていく。

この重なりを一緒に語れる道、実感させる語り口がありえないか。

売春が内部でそれ自体生活になってしまっている構造の根深さ。性の産業・商品化を語る前に、逆に、それがもう生活になってしまっている、そこにおかれている女性たちのことを語れる道、実感させる語り口。その可能性をちょっと考えてみたい。

フィリピンのAPECが開催された地域で、フィリピンとアメリカのダブルの女の子たちがふたたび売春で使われている。未成年の売春に使われている。その構造はフィリピンやタイなどアジアの広い地域で変わっていない。それは、日本の一〇代の行動や日本の性産業の語り口だけでは語れない。軍と、権力と、歴史という、その規定性から来る植民地主義、ジェンダーの問題……。

植民地主義以後という発想は方向としてはありうるかもしれない。でも、いま現に、逆に植民地主義の悪循環の続きの状態におかれている人々の条件を見つめて、そこを逆に掘り出す、あるいは浮きあがらせるディスクール。単なる二分法、権力と抑圧される側、あるいは米軍とそうでないもの……そういう言葉とはちがう語り口がとりあえずまずないと、ポストコロニアリズムを語ることはむつかしい。

ポストコロニアリズムに行く手前を探る言葉がほしい。ポストコロニアリズムを語る前に植民地主義を見つめ直す、その作業のかなたに望みみる、方向性としてのポストコロニアル。

「慰安婦」のハルモニたちのこと。対・日本であるという、誰に対して言ってるのかという問題。

（ひとつ）　免罪符の機能

（ふたつ）　自分の記憶を吐き出すこと

対・日本という場では、すべてを言ってしまうと、結局自分自身の免罪符、その機能、それ以上の意味が出てこないおそれがある。

セラピーの文化、あるいはそのような習慣のない場において言語化する作業がもつ難しさ。セラピーの文化習慣をもっている地域(現在の日本を含む)ともっていない地域(現在の韓国を含む)がある。言語化の結果セラピーになるという意味ではかつての日本の身の上話でも韓国の身世打令でも同じだが、こうした伝統的な行為がセラピーとどう違うかというと、セラピーにおいては自我分析が可能であり、自我を投影し、反省し、前後の状況を意識的に把握する。その結果、自己自身が浮かび上がる、浮かび出る、つまり明らかになる。それに対して韓国の身世打令みたいなものはすべてを語るのではなく、すべてにつながるひとつのことを反芻する。反省というより反芻。自己の批判的対象化というより、今まで生きてこられたと自分自身を慰める、あるいは今生きているよとほのめかす、ため息のようなもの。この場合、分析は行われない。想起すると同時に記憶をさらに深くからだにしみこませる。そこには、過去を懐かしむはたらきがつねに伴っている。今まで生きてこられたということを、自分のからだのなかで正当化する。

「慰安婦」ハルモニたちの語りを、完全に完結した物語として、証言として問題化するとき出てくる問題。網に引っ掛かってくるものと、網から抜け出していくリアリティ。網に引っ掛かってくるもの、つまり社会が要求する必要性に応じたもの。そこから抜け出していくもの、つまりリアリティ。抜け出していく、網からずるずるっと抜け出していくリアリティ、それは、言い換えれば、まだ語れない、語ることのできない、あるいは語ってしまった場合生きていくことができなくなってしまうもの。私はこうやって生きてきたのよ、私はこういうふうに生きているのよという自分のからだのなかでの正当性の根拠を失う可能性のある部分は、話せない、語れない。語ってしまった場合、生きることと自体がなくなってしまう、失われてしまう。これが網から抜けていく、リアリティの風景というか姿である。

ハルモニたちの、七〇年、八〇年間の生、しかもいまなお続いている生。七〇年、八〇年生きたことと同時に、それを語る今の瞬間も生きているということの事実。その関係。いま続いているというこの生とはどのようなものなのか。そのひとつは、親戚、共同体、周辺の女たちといったつき合いが続いている人々との関係。あるいは、自分自身の記憶との関係。すべて、そこからもう一回生きかえす、あるいはそこでふたたび生きることのできる場のようなものが関係として存在しているということ。それが、いまなお続いている生の具体性である。

紛れもない生の事実。その表現。

第三世界の、つねに奪われ続けている人々の、特に言葉の表現の場を、あえて概念化しないこと。抑圧された側という見方自体、外部からの視線、まなざしになってしまう。内部に対話の形式はつねに存在していた。マダン劇、パンソリ、あるいは踊り……タルチュムみたいな形式がなかったわけではない。恨を解きだすという、溶かして、かたまりにして、また溶かして、という、そういう解きつづける感じの言葉を取り入れる形式。

匂いや、空気や、あるいは非常に個別的なある種のかたまりみたいな生身の言語……そのようなものも言葉として扱えるまなざし。

そして、存在的両義性を探ること。あるいは存在的両義性を明らかにすること。与えられた歴史的な条件と、自らの自立的な言語によって、言語というより声によって語るとき、このふたつがからみあう地点。与えられた条件の中で、生きている存在がもつ肯定的価値のようなものが、どういうふうに自分のうちに意味を浸透させながら生きようとしているのか。条件と生の価値、このふたつの面がどういうふうにぶつかって、どういうふうに折合っていくのか。

性を糸口として何が見えてくるのか。出てくる順番、いままで語れなかったものが出てくる順番みたいなものがあり、それがそれぞれの国民国家の、あるいは階級の状況を物語る。

欧米の枠組みとはちがってアジアでは、抑圧された、つまりヘテロセクシュアルに対する、あるいはそれとはちがった開かれた性の関係として出てくるという意味でも、抑圧されたディスクールの解け方、あるいは解き方、あらわれの順番の問題として、一番触れやすい、リスクが低いのが男―男の関係なので最初にホモセクシュアルが出てくることになるのでは。

一番奥にレズビアンの問題があり、レズビアンとホモセクシュアルの間に、男―女関係における暴力の問題がある。隠されてきた暴力。ひとつは家庭内暴力。もうひとつは近親相姦。さまざまな暴力的な性の形態が埋められている。それが解けてくる、外側に出てくる過程では、やはり国家権力のコミットの余地がからみ、あるいは社会的規範がからむ。そして、階級、伝統、価値観の問題。あと、国によって作られた理念、「よい女」像を支えるいろんな観念まで。こういうすべてが関わってくる。

繰り返すと、男―男という関係にはヘテロに反対する性関係としてはやはりタブーでありながらリスクは比較的低いという二面性がある。タブーの中でも触れるとリスクが高そうな家庭内暴力や近親相姦は埋葬され、あるいはレズビアンとなるとさらに奥に押し込められる。触れるとリスクが高いものはとりあえず触れないで、性の自由を表象するひとつの見せ物、ヘテロセクシュアルに反対しつつ補完する機能を同時に果たすものとしてのホモセクシュアルの非常に機能的な使い方。カミングアウトという面から見ればひとつの自由であり抵抗でもあるけれど、それを受け取る国民国家、というか社会的なシステム全体から見れば、ヘテロセクシュアルだけではないと弁解できるひとつの逃げ道を作ることになる。

　性にまつわる社会性のこのような複合的な様相にもかかわらず、やはり女性性を通してよりはっきり見えてくるものがある。植民地関係は、とくに朝鮮半島におけるそれは、なぜ女性性を通して、今、よりはっきり見えるようになってきたのか。いままで何が隠されてきたのか。これは、女—男関係を通してしか見えないものがあるということを意味する。そういう意味で、〈母性〉の問題も含めて、女―男関係という視点はなお重要である。韓国の場合、八〇年の光州の問題も含めて。いま現に起きている延辺の朝鮮族の女性に対する韓国の男たちの行為も含めて。

繰り返されている力関係あるいは抑圧関係、支配関係というものを掘り出す作業における女性性の大きさ。

それは同時に――。

流れ者の女性たちの〈母性〉の大きさにもつながる。つまり、〈抱きとる〉という可能性。

何かを抱擁し合い、許し合い、それがさらにもうひとつの力になっていくという運動性を含んだ〈母性〉の可能性はないだろうか。

生きていく生活力というか、生活していく力にやっぱりなっていく〈母性〉。もうひとつの〈母性〉を考える余地。

とくに第三世界とか、まだ非常に女性が抑圧されている構造、とくに国家構造の中に、女性が〈母性〉を逆に利用しうる可能性みたいなものがすでに内在しているのでは。

国家イデオロギーとか女性イデオロギーを超えるような、その隙間を逆に乗っ取るような〈母性〉が、弱者や、あるいは疎外されている人々を抱擁しうる、抱きとる力として働きうるならば、〈母性〉なるものをあえて否定する必要はないのでは。その女性自身を救いとり、他者を、あるいは周りのひとを救いとる可能性においては、国民国家の力が強い、女性の抑圧構造が社会全体に非常に強い、女性性――この場合、弱者を含んだシンボル的な意味になるが――が非常に抑圧されているところでは、逆にそれしか、救いの道がないのでは。


それが〈舟〉のもつ両面性なのだ。

韓国語の〈カムサアンキ〉という言葉に含まれる抱えこみ、抱き取るやさしさ。それと関連して、イデオロギー的に使われている母性論ともちがった意味での、母性主義的ディスクールを破る形での、もうひとつの母なるもの、女なるものの可能性。あるいは、別の体系・別のディスクールを使わずに、そのまま使うことによる抵抗の道。そのようにして、支配のディスクールになっているもののイデオロギー性を破壊していく、解体していく……。

ここでもうひとつ、語りの可能性の問題とも関連する、性と恥(プクロウム)の問題。

誰が誰に、なぜ語るのか、あるいはその語りをめぐる状況はどういうものかによって、性と恥の意味づけは変わってくる。

〈ひとつがすべて、すべてがひとつ〉に還元できる、その〈お腹〉の、その女性たちの、あるいはその本人たちの恥は、どのへんで動いているのかということを手さぐりしてみたい。

(ベー　ひとつ)　　からだ・記憶・おんな・おとこ

わたしのからだに触れ　去っていった
あの　数多くのおとこたちが

たったヒトリのおとこのように
照らしだしてくる
ああ　あの　満月の光

（「満月」宋キウォン）

（ベー　ふたつ）　　個・孤・身体・固有の空間

独房のなかで徒手体操をしているおとこ
独酒の迷い子の居場所を嗅ぐ唯一のおんな

棺に入らない膨らんだおとこのからだを

絶え間なく漏れる鉛のような排泄物を
赤ん坊のおむつを替えるように撫でるおんな

そのおんなが生きてた頃のそのおとこのからだのことを
初めて娘に告げながら
顔を赤く染めた瞬間《とき》

（「恋文」母に代わって・娘のわたし）

母性のもつイデオロギー性を攻撃する前に、自分のお腹の上、韓国語で言えば〈べー〉、お腹＝舟に乗って世界をさまよっていく存在あるいは魂へのいとしみ、魂のかなしさ、それをいとしむ姿勢、いとしむまなざし、いとしむ行為。それ自体から、もしかしたら、共生、ともに生きるということが逆にありうるかもしれない。抑圧されたひとはすべて復讐を通じて、あるいは怨恨を通じて立ち上がる、というものも一方にはもちろん無視できないけれど。

抑圧されたひとも、記憶を語ってしまうことによって要約されてしまい、社会的に、生きて行く現場性を失うこともありうるし、抑圧したひとは、これはもう救われない魂として罪意識の中から、あるいは抑圧者、強者、支配者という枠から一歩も出られないということの悪循環。そうではない、抑圧を受けた側からの抱擁、抱え込み抱き取るということ自体から、ともに生きる道がありえないか。上からの赦し、上から与えられる共生というものは、抑圧された者の心が癒されない限りは根本的にはかなりむずかしい。それが現実の厳しい姿でもある。そのとき、自分の舟に乗った男たち、それを逆にさすってあげる、抱え込むということの行為自体が、他者との共生の道を開くのではないか。

恨みとか怨恨ではなくて、解きほぐすこと。抑圧された女たちが集まって、ひとつの儀礼、クッという儀礼を通じて――その道を通って――死んでいった魂のことや今生きている自分を、自分の記憶を、癒すということの儀式が、つねにつねに恨を解きほぐすというその儀式につながる。そのようなことが、いま現在、いまだに、近代の社会性と何の矛盾もなく併存しているということの現実、そこからひとつ読み取れるのではないか。

いま現在、九〇年代の資本主義社会において、いまだにひとつの癒される場として在る。これは単なるシャーマンといったことでは片付けられない。ひとの心に残った抑圧の塊、ああしたものをどう生きるエネルギーまで持っていくか。むずかしいことではあるけれど、そのようなことが、抑圧されたひとから逆に生まれてくるのではないか。ひょっとしたら、もうひとつの小道が見つかるかもしれない。境界に生きているひとが新しい可能性を提示することではない。そうした観点とつながるものではあるけれど、そういう理論的・観念的なレヴェルではなくて、抑圧という心の傷、自分だけではなくて、さらに救われない魂たちを、逆に抱え込むことによって、本当の意味で共生、ともに生きることの可能性を設定する。

抱え込む、抱き込む、いだく、いだき込む、抱き取る……そういう問題だと思う。

ある意味では一番普通の女性たちの問題。そういう女性たちを救える、という。

ひとは、生きようとするときに、自分の観念や身体にどのようにはたらきかけているのかということを考えた場合、意味づけの問題において、生きる上で、ほのめかす、ということもありうる。しかし、あえて言わない、というか言わないままに生きてこられた、あるいは言わないままに今現に生き続いているということがある。

ということは逆にいえば、ある出来事、あることは、生きる本人には秘密として存在しなければならないということ、それがイコール生き続けることができることとつながる。ここが、語ることと語れないこととの、ぎりぎりのところ。

なぜ記憶を語るのか。

（ひとつ）　忘れたいもの、忘れたい記憶。
（ふたつ）　生きるためにつかみたい記憶。

そして、この両方を生きるためのモードになりうる

（ひとつ）　痕跡としての記憶。
（ふたつ）　瞬間瞬間の再生のシステムとしての記憶。

体と密接になっているいま現在の感情と離れることのできない部分を、ひとつひとつ、再生していく。このとき、どこにも存在していない記憶そのものと、それを思い出す主体、あるいは本人の姿。

語ってしまったあとの状態にも、すべてがなくなってしまう、あるいはふた

たび失われたという状態と、あるいは逆に、解放される、より新しい次元に移るという、移転するという意味としての解放がある。

しかし、いずれにせよ、記憶を語ってしまったということは、生の位置あるいは質そのものがすでに変わったということ。じゃあ、それ以後、どのように生を持続していくのか。

もう一回いうと、生存としての記憶。記憶の形態をもって、今現在の生を絶えず干渉しつつあるということ。体が覚えているのに語れない記憶と、語りたいという欲望に運ばれてしまった記憶。どちらにも体の病気がおとずれる。強迫的に語ったあとの虚脱感は自意識ゆえの体の病気。だが、語ることさえ体が拒否するとき、おとずれてくる体の兆候。

最終的に残る生の空間。

体と秘密。とくに秘密と恥の感覚。

恥と秘密という形を得て、生きるという生の意味を獲得する過程。これが結果的に女であるという、社会から与えられた、押しつけられたイデオロギー性による結果だという言い方もありうるけれど、断然ここで私はそれを拒否する。つまり最終的に生きるということを問いただす思想や原理なるものは、まったく存在しない。

生きるために、というか生きることを意味づけることを助ける思想や原理はあるにしても、なぜ生きるのかということを最終的に問いただす、その権利を奪う思想やイデオロギーなるものは、断然わたしは拒否する。

恥と、その恥をはにかむという感覚は、外から見られるような否定的なイメージだけではない。恥というのは、自分の内側にその内緒、内密を抱え込むことによって、逆に生きる生の意味を感じるという、その唯一の、最終的に残ったぎりぎりの〈場〉である。その空間を奪ういかなる思想や原理あるいはイデオロギーなるものも、あってはならないし、ありえない。

具体的にいうと、ハルモニたちの証言をじっと見つめているとふとおそれを抱く。〈個〉なるものはあえて語られていないことに気づくから。自分の子供のこと、強制的に抱かれた、抱いた男たちへの感じの領域、その状況、生活が続いていく上での、自分のその瞬間瞬間の感じは。

意識してないのではなくて、それは〈語らないこととしてある〉ということ。あるいは、ある部分は意識的に秘密としてもっていなければいけないということ。これは母の言葉ともつながるけど、社会的な存在としての父のことを語りつつ、あるいは語るというより周りから言われたときにあえて否定しない、うん、そうだった、そういうひとだったということは認めつつ、間接的にほのめかすなにかのもの。しかし、母と父の関係、つまり父にとっての女としての母がもっているある部分。その部分は母にとってはいま現在まで秘密にしてもっていかなければいけなかった。秘密として存在しなければいけなかった。秘密としてもっていくことによって、逆に生きてこられたということ。

〈舟〉の女たち、つまり〈お腹〉の女たちの、〈ひとつがすべて、すべてがひとつ〉につながるというこの抽象の空間。必然的に、結論的には必然的に、そうならざるをえない。秘密としてもっていかなければいけない部分と社会的に与えられた意味づけにおいて語れる部分、このふたつが意味づけの機能として役割分担しつつ、生きる本人においては紛れもない事実であり、そして実際に事実であるということは、逆に言えば抽象化しうるということ。

私のお腹を経ていった男たちは、一〇〇人であれ一〇〇〇人であれ、想うひとりになりうるということ。逆に自分の想うそのひとりの身体を通じて、その後ろに見えてくるさまざまな人々へとまなざしがつながっていく。〈ひとつがすべて、すべてがひとつ〉。このとき、男である女であるということを越えて、ひとつの抽象化の次元みたいなものが、空間が露われる。

語れない記憶。歴史化することのできない、そうさせない記憶。破片のような記憶。いま続いている本人たちが生きることにつながる記憶。つまり、証言に、歴史になっていく過程ではない、歴史化できない記憶の破片を抱えていま現に続いている生。その生には大事な破片。

象徴としての体のはたらき。

生の日常的な拘束と限界を破壊しながらも、なお意味空間をつくりゆく体。そのような体のはたらきが象徴性を失ってしまったとき、ひとは死ぬ。すべてが死ぬ。

瞬間瞬間の生を奪わないままで、思想というものは可能にならなければならない。

思想が瞬間瞬間の生を奪ってはいけない。いかなる思想も、いかなる批判のディスクールも。

記録や歴史に規定されないひとりひとりの固有の域を、固有の生を前提にしていたはずの思想。その前提が、いつのまにか抑圧的に機能してしまう、解放の論理が抑圧の論理にすり替わるということはよく言われるけれども、そういう単純な見方ではなくて、前提が、つまり当たり前のことが当たり前じゃなくなる、そのすり替えがいつ起こるかということ。周りがすべて抑圧されている状況の中での、ほとんど暗闇での、やっとつかめるかどうかという光の、その空間。そこが瞬間の、生の場所なのだけれど、そこを奪ってしまう危険がつねにある。

生の瞬間なるものは、そこは——もちろんすべてを語ることができる社会になれば、それは一番解放された空間になるはずだけれども——いまのところ、とくに女にとっては、非常に抑圧されている状況が実際に構造としてある以上は、それは秘密でしかありえない。このことを、理論的把握、あるいは概念を使った分析の言葉で説明したくない。ひとりひとりの身の回りに、私も含めて生きているひとりひとりの生命体にすでにそれは潜んでいるから。

（海へ）

〈べー・舟〉の物語の循環。この循環自体、生きた体のはたらき。あるいは、象徴としての体のはたらき。循環しなくては生きていけないということ。

このよっつの物語は、世界―陸地―内陸―海、それから体。

このよっつの物語から引出されるものは「自己尊厳」の獲得過程。嘆き、呪い、あるいは叫びでしか語れない、被害者、抑圧の記憶を踏まえた上で、「自己尊厳」に至る道としての、よっつにしてひとつの物語、ひとりの女の物語。


徹底して〈個〉なるものにずーっと入っていく、降りていく瞬間。そのときの一種の、生まれながらの分裂を抱え込んでいるひとの姿みたいなものがふっと思い浮かぶ。ふたつの面、〈お腹〉と〈さまよう舟〉、それを受入れないと生きていけないということは、それをすべて許すとか、それでいいんだということとはまったくちがう。逆に、それでもやはり生きていかなければいけない瞬間、ひとはなにかを個別の領域に、風呂敷みたいなものにふっと包んでしまって、その領域だけを見つめようとする自分自身がそこにいる。そこでひとは生きる意味合いみたいなものを自分なりに正当化してもかまわない、自分なりにつかんでいるという問題として、あくまで私はこの舟物語を語ったのである。お腹という意味と、お腹を通っていった、去っていった、踏んでいったひとたちと、それを抱え込もう、抱き取ろうとするもうひとつの〈舟〉のような存在と。それは、もう一度言うと、なんでもいいやさしさの無限な包容力の寓意ではなく、徹底した個として生きていく上でどうしても避けて通ることのできない共同性を、ひとが自分なりに意味づけしていく道を具体的にたどる試みである。自分の体の中に、あるいは意味世界の中に、観念の中に……何でもいい、そういう何かを通じて一瞬の意味あいの世界をつくろうとしている、あるいはつくりつつ生きているんだという、そのぎりぎりのところを、お腹と舟というふたつの両義性に託した。矛盾に見えるけれど、それでもって生きていくしかないひとの存在の姿なるもの、それを喚起する歌として、この舟は漂いつづける。あくまで両義的であり、揺れ、揺られる、震えるもの。それを引出すことができればという私の祈りを、この舟は乗せている。

でも、まだ気になることがある。すくなくともふたつ。

(ひとつ) 断絶の必要性、切ること。つまり、抱え込むという、抱き取るという、生きる上でのメカニズムの中で、一番現われてくる現象としては、切ることが自然に含まれているということ。

(ふたつ) 生きる現場において感じる構造は変化したのか。

よっつの物語を書いたひとのうち、男性側のまなざしとその対象として現われてくる女のまなざしを区別しようとしても、歌う瞬間、その男たちは女になっていく。逆に現われてきたその女たちは、実は男として生きている。このようにして、男も女も、自らのうちで、つねに断絶しつつ接続する。

一見無限に同じ内面の内容をもって続けているように見えてくる、生きるというその姿自体が実は、無限、あるいは数多くの、数え切れないぐらいの断絶の瞬間を含んでいることを忘れないこと。女と男でもつねに変容しているし、あるいは民族の問題でも、国家を背負ったような役割から、一瞬、非常に自分の目前の利益しか考えられない個人に戻っていく。個―集団―国家―民族でも、女／男でも、つねにつねに断絶しつつ、まるで細胞のように断絶しつつ、それが全体的にはつながっている、あるいは連続した姿としてある。つまり断絶という、瞬間瞬間がすべて決断あるいは自己の意志決定によるものばかりではなくて、生きる存在の身ぶりとして現れるものもある。かなり短い時間の中でもこの両面の動きがある。だからこそ、民族ととらえられてきたものがジェンダーとしても語りうる。あるいは国家として、あるいは集団として、あるいは個人として。こういう次元がすべて、ひとりの個人の意味づけの中でうごめき、からみあっていることへのまなざし。

全体的に見ると、一緒に生きるという、いわゆる従来の共同体という、あらかじめ上から、あらかじめ意味として与えられたものとしての共同体ではなくて、アメーバのような、細胞のような、数多くの断絶の瞬間を踏まえつつ、全体的にはつながっている、連続性をもつ空間として成り立つ関係、それが私の言いたい共同体の姿である。従来の共同体とはちがうこの共同体は完成品ではなくて、つねに瞬間なるものとして、しかしつねに連続しているものとして、社会でもなく、国家でもなく、あるいは従来の共同体でもない、しかしともにあのまなざしを持ちうる空間、あるいは領域、あるいは世界。

そして、(ふたつ)。はたして生きる現場において感じる構造は変化したのか。記憶、証言。証言としての記憶。こうしたディスクールは、知的なディスクールがあらためて要求する「感じ」の構造を満足させる機能を果たしつつ、またそのように変化した「感じ」の構造が、ともすると払ってしまいたい、切ってしまいたい、あるいは忘れてしまいたい「記憶」を聞こうと求めている。要求しているのではないか。

つまり「物語」、衝撃的な、刺激的な、しかし生きている本人にとっては非常に苦しい「物語」、証言、あるいは語り。そのようなものを、同時的な時間性において、必要としている「感じ」の構造が蔓延している現実。

語る本人たちの構造と、その語りを要求している社会の構造。このふたつの構造の関係と、そこで媒介になる感じ方の構造がどう変わってきたのかということを、そこから見つめ直すことができるのではないか。

もうひとつは、こうした感じ方の変化についての、その延長線の上でもうひとつ加えたいことは、蔓延する〈負のディスクール〉の問題。半ば故意に抑えられたものが破裂、爆発した場合に、その結果起きてしまう、結果として現われてくる現象としての全般的な居直り、あるいは攻撃性をともなう自己正当化の問題。

悲しみの不在。

〈抱き取る〉まなざし、憐憫も含めた、尊厳へのまなざしの不在。

〈べー〉に耳を傾ける。
聞こえてくるせせらぎの音。この小舟は、いずれ、〈海〉へたどりつけるかなあ……。

一九九七年冬

（ふたつ）

遠い島の友へ……

尹東柱「たやすく書かれた詩」

あなたの居る島にもススキに乗せられたあの風が吹いているのでしょうか。いくら耳を塞ぎ身体を縮めても、すう——っと胸の中に穴を掘ってしまうあの風を、あなたは憶えているでしょうね。穴が深くなればなるほど段々軽くなってゆく身体《からだ》が恐くなったのです。風のないところに行きたいと思いました。

遠いある日あなたもそう思ったのでしょうか。私は今こうして昔あなたが移ってきたところに居ります。

窓の外に春雨がささやき
六畳部屋は他人《ひと》の国、

詩人とは悲しい天命と知りつつも
一行の詩を書きとめてみるか、
……
……
……

（尹東柱「たやすく書かれた詩」『空と風と星と詩』[*1]）

あなたはある日、こう言いました。〝私は世界観、人生観、このようなより大きい問題より風と雲と光と木と友情、そのようなことにもっと苦しんできたかもしれません〟（「花園に花が咲く」『空と風と星と詩』）と。

島の人達[*2]は白い森になって山を取り囲んでいるススキ[*3]を畏れていました。小さな島の殆どの人が死んでいたその日以後[*4]、その魂は島を離れられなく、ススキになりいつも島を彷徨っていると信じていました。かつて船にのって島に帰られなかった人々を懐い、遠い海にはもうひとつの島が在り彼らはなんの苦しみのないあの島にいるのだと語っていた島の人々は山に埋められた兄弟達さえも忘れようとはしなかったのです。

海の向こうには幻像の島イヨド、山の土にはススキの魂。風と一体になっていつまでも島に付き纏う魂。その島のことをもう一人の友人は〝バラムタヌンソム〟とよんでいました。[*5] 海から帰ってくる風が山のススキを抱え込むときはいつも汗に濡れた濃い、人の匂いがしていました。

かえりみれば　幼友達を
ひとり、ふたり、とみな失い

わたしはなにを願い
ただひとり思いしずむのか？

人生は生きがたいものなのに

詩がこう　たやすく書けるのは
恥ずかしいことだ
（尹東柱、同前）

風のないところ、風の匂いがしないところへ行きたかったのです。そして、

寂しいときは
草葉ひとつもいとおしい

空いっぱいスモグのなかに
今も生きている大地

あー
雀ささやき

今も花が咲き
空には
白い雲も流れる
アパートに屈み座り
虚空すこし眺められ
わたしの生
今は
よろしい
有り難い
涙ぐむ。

（金芝河「一山詩帳・3」）

と、呟いてみたいです。そしてほんの少しでもいいから、短い線のあるあの手に、長い柔らかいあの耳に、堅い横骨のある、いとおしいあの裸足に触りたいと思うのです。他ではないこの空間で。

六畳部屋は他人の国
窓の外に春雨がささやいているが、
灯りをつけて　暗闇をすこし追いやり、
時代のように　訪れる朝を待つ最後のわたし、
わたしはわたしに小さな手をさしのべ
涙と慰めで握る最初の握手。

（尹東柱、同前）

そのとき、あなたは傍らにいてわたしを見守ってくれますか。すると、わたしはどんなに細い静かな風にも身を託し、いつものように眼を閉じると微かな光のような震えが遠くから訪れ、やがてあの震えはヌルイ優しい水になり、わたしの身体《からだ》の隅々を渡ってもう深い胸の穴にそーっと包み抱いてくれるのでしょうね。

静かにいると
身体に
水が沸く
白い水は　雪になり
空にかかる

……

……

（金芝河「涙」）

ふと気がつくと、何処からかあの風が、ススキの森の中に自分の殺した島の人々と一緒に眠っている父の影をのせ吹いてくるのです。

消え去ることの無い
記憶、
痕跡、その塊。

一九九四年

＊1　伊吹郷訳『尹東柱全詩集　空と風と星と詩』記録社・発行、影書房・発売、一九八四年（訳を一部改めたところがある）。他の詩の訳は著者による。
＊2　朝鮮半島の南にある島、済州島。
＊3　島全体を包むように島の真ん中にある山、ハンラ山（一九八〇メートル）には島の人の背より遥かに高い、太いススキの森があり、海から風が吹くと、錆付いた鉄のぶつかる音を出しながら揺れ動く。その風景はまるで巨大な波のようだ。
＊4　済州島4・3事件。済州島4・3蜂起ともいう。一九四八年四月三日起き、その後六年六カ月も続いた島ぐるみのパルチザン闘争、血みどろの事件である。その間、「島内の七万五七〇〇戸の家屋のうち一万五二二八戸が焼き払われ、八万六六五名が殺傷」されたという記述があるが、4・3事件の真相についてはまだ不確かな部分が多い。ハンラ山の峰々をつたう烽火があがって以来、四七年の歳月が経った。今、その間タブー視されてきたこの事件のことを掘り起こす作業を行っている。（以上、民濤参考）
＊5　日本語に訳できないが、あえてすれば「風を敏感にいつも感じるので、ほぼ風と一体になっている島」という意味。島出身の作家で、自分の作品の生まれる謂われとして4・3事件にこだわりつつある、玄基栄の言葉。

友人はみな〝軍人〟だった

北海道、十勝の音更にある、泊まっていたちいさな農家から、すこしはなれている森のほうに散歩に出た。

前日帯広空港についたときにはすでに日が暮れていたので、迎えにきてくれた友人のジープにのって音更にむかったときはほとんどなんにもみえなかったが、かすかにうつってくる木の影をうしろにしながら走ると、なんと、あのなつかしいニオイ、肥しのにおいがした。韓国の南にある島で生まれ育った私にとっては身にしみているあの風のニオイ——風にのせた海の、山のすきの、秋の畑で焼かれている麦わらの、それにどこでも目にする肥塚の——それに再会したのであった。それだけで私はかつてそこでそだったような気持ちになっていた。

朝、農家の女主人からいただいた美味しいゆでとうもろこしを食べながらゆっくりとあるいていた。あるいているひとがだれひとりもいない道、そのせいか、後ろからくる車の人々は〝どこまでいかれますか、もしよかったら、どうぞ〟ともいうように車のスピードをおとしながら近くまできてしばらくしてはまた走っていった。無言の心づかいになんとなくうれしくなっていたそんなときだった。突然ものすごい音がし、うしろをむいた途端大きいトラックが超スピードですぎていった。ほこりをふきだしながらなん台もゆきすぎたその後で私はただぼうぜんとしてしまった。ジャングルを連想させる、木の葉だらけの軍用トラック、それにのっているあの見なれた服装の軍人達——。それは四年前まで韓国にすんでいた私にはわすれることのできない、身にしみているもうひとつのフウケイである。

今、考えて見ると、軍事費総額世界第六位に人数が三〇万を超える日本自衛隊の存在やその訓練場が北海道にもあるということなどを知っていたので、どこかでぶつかりうることだったし、そんなにおどろくこともないはずだった。それよりむしろ初めてたずねた北海道で私はかつての友人達の姿を思い出したのかもしれない。

私の友人達はみんな〝軍人〟であった。というより彼らには〝軍人〟であった時期がある。韓国では男子の場合、一八歳以上になると特別の事由がない限り国防の義務があって、軍隊にはいらなければならない。徴集されては三年近い時間を軍人として生きる。大学在学中デモに参加し、その現場でつかまった友人はそのまま強制入営させられ、さっそくデモ隊を鎮圧する部隊に配置された。ひどい偏食をしていた友人は除隊後すっかり直っていた。友人が入営してからほぼ毎日のように手紙を書き、面会の日をたのしみにしながら生活をおくっていた女の友人は除隊わずか数ヶ月前にして別の人と結婚してしまった。二人とも大切な友人であったため妙な責任感を感じていた私にいわゆるなぐさめの役目がもたされ、もう女の子二人の母になっている彼女とまだ独身でいる友人に二人の希望にしたがって別々にあいつづけている。大学の同じ科、同じサークルの仲間の一人は軍隊での訓練中死んだ。いわゆる〝事故死〟である。ある明け方かかってきた電話でかけつけた軍人病院には足に繃帯を巻いている姿の弟がすこしてれる顔でよこになっていた。軍人である友人達を送ったり、迎えたりしながらも泣きはしなかった私が、入営前夜、どうしてもあいたいと言っても、なかなかあってくれなかった彼が、坊主頭にして帽子をかぶった姿でやっとあらわれたときにはとうとう泣いてしまった。

こんな話はなんにも私ひとりの特別な体験談でない。韓国ではありふれた物語である。つまりこれが、日本式で言えば〝戦後生まれ、戦後そだち、戦後世代〟である私達の共通の情緒の世界である。韓国式でいうと〝わかれ、失恋、屈辱などの傷だらけの青春〟の世代で、軍隊を媒介にし、それへのコミットの程度によって共通の感情を分かち合う、そんな人々のことである。今晩も韓国のどこかの飲み屋では焼酎を飲みながら明日になると軍隊にはいる友人のためにあの〝入営前夜〟を歌っている若い人がすくなくないだろう。

日本でつかういわゆる〝戦後〟を韓国では〝解放後〟あるいは〝分断後〟という。これはいうまでもなく、日本帝国主義からの解放と同じ時にひとつの民族が北と南にわかれ、一〇〇〇万の離散家族を生んだ分断のことを意味する。植民地時代の戦争の体験世代である祖母と朝鮮戦争、ベトナム参戦の体験世代の父、兄、わかれた北の家族を敵にした徹底した反共教育でそだった軍人体験を持つ私たちの世代とこれから軍人になる弟が一緒に暮らしている今の韓国には〝戦争の跡〟はあるが〝戦後〟はない。

日本でいわれている〝戦後〟論や主に遠い昔のように語っている〝戦後〟に関しては、その意味もわけもあまりわからないが、日本にきてから私がこころからずっと一緒にしている〝今現在の戦後〟がある。

兄・故副田(そえだ)浩陸軍曹長＝写真＝をご存じの方。本籍は大分県・旧竹田町。明治45年6月4日生まれ。昭和19年、宮崎・都城市へ入隊。同年6月29日、「富山丸」に乗船して沖縄へ向かう途中で撃沈され、奄美大島へ漂着。その後、沖縄・首里へ派遣され、那覇郵便局気付「球一六一六部隊」に所属。「昭和20年6月20日、沖縄群島で戦死」との通知だけが。どんな事でも結構です、教えて下さい。（副田佳宏　0466・25・4226）

（「戦後47年」『朝日新聞』一九九二年九月二四日）

〝どんな事でも結構です、教えて下さい。〟

生きている人々にとっては〝戦争〟はまだ終っていない。

一九九二年

それはフケのせいなのよ

ことばが死ぬ瞬間《とき》がある。
それは時間の停止《とまり》とはちがう。
意味の死でもない。
そしてまた　生き返ってくるとき
なぜかそこには匂いが落ちている。
匂いがない。だから痕跡もない。フケ。

〝それはフケのせいなのよ。それを払いたかったの〞
村の人が怖がる父のことが
子供の私には不思議に思え
なぜアボジと一緒になったの　と

ある日たずねると　母はぽつんと言った。
ぼろの野戦ジャンパー　刈り上げた髪
その父の首の後ろにくっついた白い塊。
光のない山の生活
その後続いた長い独房の時間
年月は父の体に　まるで皮膜のような
白いフケの墓地を作ってしまった。
人に見せまいと
新婚の初夜から毎晩のように続いた

フ　ケ　解　か　し。

解かしても解かしても落ちてくる
あのしつこい白い塊に

子供のように母に身をまかせ
ただ呆然と座りこんで
自分の体に無力になっている父の後ろ姿に
母は毎晩泣き続けるしかなかった。
こびりついているフケの塊
落ちようもないフケの塊。
島の海風に濡れた桜の花のように
水をはらんだ木蓮のように
しつこくこびりついている白い葉っぱ。
それは幻想の不在の場所。
いっさいの幻想が排除されたそこには
具体性　それだけが残る。
のたくらない　匂いがない
物体　白い塊。

それは生き物に
あらかじめくっついている死なのか
出会い頭に
いずれ天から落ちてくる白い雪なのか。

影の言葉を求めて……

いまだ幽冥の場所から

小春

喪失

長い時間を〇・七坪の独房で過ごした人はある日突然四方面の壁が壊れ出し
自分の身体に襲いかかってくる幻影に囚われるという
「壁面病」のことである。

一九四五年八・一五以降の南韓(国)・〝大韓民国〟の監獄は、
アカと名付けられた人々で埋め尽くされた。
個々は遺棄・埋没されむしろその数字でしか肉化されることのできない出来事
殺戮・失踪・告発の鬩、朝鮮戦争。

その墓地のほとりから執拗に起き上がった日帝の残滓。
治安維持法から国家保安法への装置の変換。
徹底した反共主義は植民地以後のうねりとともに
赤狩りの家・独房にその痕を残したのである。
二〇〇〇年九月二日その独房の中から生き延びた六三人の非転向長期囚が身を
移動した

南から北へ

〝一九五一年から四五年間他人の監獄で生きていました〟と世界最長期囚金は
北の土に足を踏み語り始めた。〝長い年月の苦痛と悲しみであります。
一筋の悲しみが凝結されたのですから転向は不可能です。
それは私の存在が無くなることでありますから〟と南に残ったもう一人の非転
向長期囚である申は語った。

検閲を恐れ自分のからだに月ごとに覚え残した言葉をつづった歌集を後に
身体を動かすこと
運身の自由を剥奪された場所からの言葉は喪失の状態であるのか。
独房の時間は壁の向こうへ向けられた失われた場所であったのか。

日々行われた〝思想犯転向工作〟
公共化・国家化される独房の言葉・時間からは、何が交換されたのか。

香織

喪失症
「自殺者が三万人を超えた。七月末に警察庁が発表した統計によると、昨年の
自殺者は三万二一四三人、毎日九〇人もの人が自らの命を絶っていることにな

る。自殺者が三万人いれば、自殺未遂者はその一〇倍の三〇万人いるとされる。また一人が自殺に踏み切ると、身近な五人に強い精神的影響を与えるといわれる。自殺は年に一五〇万人前後の人々に影響する出来事だ。」

死の匂い、
偏在されている暴力の匂い、
絡み合っている、加害の中の被害の影の言葉の不在。
影のない、影を無くした加害の記憶

「お前ら、殺してやろうか。殺せるぞ」

「おーい朝鮮人、こっちくるんじゃねえよ」

「あんたは朝鮮人だろう、今度なにかやったら僕がお前を殺してやるからな」

「お前ら北に帰れ。お前ら拉致するぞ」

在日の子どもたちへ向けられた言葉。

家族の形式にのって降りてくる言葉の群れ
本当は何を話していないのか
絶えず遅延されるのはなにか
遅延されるものとしての痕跡が家族という新たな形を生み出しているとすれば
それはもう一つの秘密の輪になっているのかもしれない。
仮想・立証することのできない領域としての家族、その延長線としての国家
媒介的あるいは触媒としての家族、
しかしその転倒と検証が起きつつあることへの問いは
加害の裡に染み込む被害が移動しうる場所は。
日常化され貼りついている暴力、加害の記憶が外側に出血されないまま、
凝り固まっている内面
青色の痣。
子供の代わりに息子の代わりに妹の代わりに代わりに代わりに生きたいという

意志、欲
内側の不安と外側に対する支配欲望の装置交換
国家の交換、国家の秘密とこの言えない秘密の交差、拉致、虐殺の領域

理生

喪

代わりに生きること。生きることは何と代われるのか
日常のように人々は死んでゆく。
人々は日常を生きている。
この間を射する言葉はその場を見届けることができるのか
蔓延する死の匂い、広がる死の空間、聞こえてくる死についての語り
曝される死の空間にどう言葉を縫い合わせるのか縫い合わせられるか

日常的死に化してしまうこの状況を断ち切る言葉は

喪・失・不在を生きることは。
死を不在を管理化、組織化することへの抵抗と記憶する方法の発見
自他殺、不在を遡る道、
家族、国家の道ではない、どのようなつながりを想像しないといけないのか。
自死、他死の子供であるわたし・たち
仮想性と主観性をもって抵抗の根拠地として再生産される物語
家族。
哀れと恐れの容器、家族
国家権力、公権力の再現の場所ではない
固有の内密な場所からの抵抗
転向を生きること　記憶の所有を回避できる道は。
代わりに生を生きることが逆謀の話になってはいけないのか

記憶との逆謀、
蔓延する死、暴力の空間をともに生きるための穴つくり　壁の穴を通じた交信
四面に閉ざされた社会の条件から壁の向こうに送る疎通の願いを実在させるこ
とはその壁の生を居留めることを孕まざるをえない。

一九七二年以降活動し続けている朝鮮人強制連行真相調査団によって、何百万人と言われている強制連行者のうち四八万人の名簿が公開された。戦争末期沖縄を占領した米軍が作成した一四七人の慰安婦の名簿は公開され得ないまま。

「一六歳から中国で慰安婦にされたリ・オクソン、ハルモニの身体には日本軍による刀痕が残っている。五八年ぶりの永久帰国二〇〇一年七月一日韓国国籍を得、大韓民国国民になる。しかし二〇〇三年八月一三日ハルモニは国籍放棄書に署名をした。国籍放棄は〝放置、権利略奪、真相隠蔽〟の国家に対するハルモニの最後の抵抗であった。」

＊　引用した資料のうち、特に朝日新聞の佐藤陽とハンギョレのコン・ヒョックチョル両氏の言葉は原文の一部をそのまま写したことを明記しておく。

小春（如月小春二〇〇〇年一二月一九日）
香織（千野香織二〇〇一年一二月三一日）
理生（岸田理生二〇〇三年六月二八日）

在日になって出会った友。

日々の食糧と言葉を分かちあったかけがえのない友へ渡れる言葉をまだ私は持っていない
それは突然の死別だからではない。今はひたすら名前を見つめたいだけである。

反復し名を呼びたい。続けて。

声から声へ。

二〇〇三年秋夕《おぼん》

あなたへ　島

海
島の遠い記憶を撫《な》でるとき
千年の火の海が
からだをさする

石《ビルレ》
最初の噴火の痕跡、穴の塊
火山の石、ビルレの穴には
海の底の井戸から掬《すく》い上げた黒い水が佇《たたず》む
涙で膿《う》んでいるところ
黒い波のように広がる石の墓地に

匂ってくる風

風
抜け落ちた歯の穴跡が消えない
あなたのくぼんでいる口が
私の震えるまぶたに重ね来るとき
風の棲家《すみか》
陸地の独房の奥から
崩れ落ちる十四個のあなたの歯の石を
抱え込んだまま
私は
島になってゆく。

（ひとつ）

ある「まなざし」の経験

鵜飼哲による応答

記憶、忘却、証言、そして生。この四つの言葉の間に、いま、私たちの社会で、どんな空気が通っているだろう？　いま、たとえば「一九九七年冬」という日付をもった「いま」において？

証言の現在、それは記憶と忘却の諸力がせめぎあう生の現場である。「このこと」を語らなかった、語らずに生きてきた、場合によっては語らなかったからこそ生きてこれた過去の時間との訣別の瞬間であり、残りの生を、将来の時間を、「このこと」を語った者として生きていくという決断の瞬間である。これは「特殊な体験」の持ち主だけでなく、私たちすべての生存にかかわる事柄である。

記憶、忘却、証言について考えること、そして語ることは、したがって、つねに、なんらかの意味で、「生きることを学ぶ」ことにつながる。このつながりはかならずしもつねに目に見えるとは限らないが、このつながりがまったくないとすれば、記憶も、忘却も、証言も、本当には考えられ、語られてはいないことになる。そのとき私たちは、自分でも知らない間に、P・ヴィダル＝ナケが「記憶の暗殺者」と呼んだ歴史修正主義者の共犯者になる。なぜなら、「記憶の暗殺者」は擬人化された「記憶」なるものを殺害するのではなく、記憶、忘却、証言と、個の、そして不可避的に共同の生の間のつながりを断ち、この四つの言葉の間にもはや空気が通わないようにしようとしているのだからだ。

「一九九七年冬」。あらゆる日付と同じく、この日付もひとつの暗号である。それが何を、どんな時期を、具体的に指示し、記念し、記憶するのか、最終的には不明である。構造的な理由のため、秘密はつねに残るだろう。しかし、私には、この日付は、時代の空気が急速に稀薄になり、ある耐えがたい窒息感が私たちの社会を覆いはじめた日々の印象と切り離せない。この時期、「自由主義史観」を標榜する人々が私たちの社会の公共空間に登場し、アジア諸国の元

「従軍慰安婦」の女性たちに対する破廉恥きわまりない攻撃を開始した。しかもこの人々の本は、私たちの社会の書店で、一〇万部単位で売れていったのである。

「一九九七年冬」という日付を持つ、李静和「つぶやきの政治思想――求められるまなざし・かなしみへの、そして秘められたものへの――」に、この「自由主義史観」グループの活動についての明示的な言及はない。しかし、この論文は、私には、「自由主義史観」についてこの間書かれたどんな文章よりも、この現象の本質を、正確に、深刻に照射しているように思われる。私にとって、このテクストとの出会いは、この言葉の強い意味で〈出来事〉だった。そして、このテクスト＝出来事は、あらゆる真の出来事と同じく、ある絶対的な反時代性をそなえている。それはきわめて深く状況を照らし出しながら、状況の側の限定されたコードでは読み解くことができない。このようなテクストを読み切ることは原理的に不可能であり、その理由もまた、私たちは、このテクストから学ぶことになるだろう。

出会いの驚きと新鮮さを記録する意味も含め、不十分あるいは部分的であることを承知の上で、ここに、「つぶやきの政治思想」への私なりのアプローチを記しておきたい。それはまた、この文章が広く知られ、多くの人によって論じられることを私が希望するからであり、「自由主義史観」、歴史修正主義に対する私たちの、否応なく長期的たらざるをえない闘いにとって、それが大切な意味を持つであろうことを私が確信しているからである。

求められるまなざし。

したがって、はじめに「要求」がある。この「まなざし」を求めるのは、しかし、もうひとつのまなざしではない。同等の、対等の、対称的な承認を求める他者のまなざしではない。侵害された権利、許しえない不正の解消を、負債の返済を求めるように求めるまなざしではない。眼をそむけようとする者を、力ずくでも振り向かせようとするまなざしではない。このような正義の回復要求をけっして否定することなく、しかし、それとは別の次元から、この「要求」はやってくる。

このもうひとつの「要求」は危険な「要求」である。歴史的な正義の、否認され続けてきた負債の返済の可能性が、時代の地平に、ようやく——かすかながら——見え始めているとき、この危険はとりわけ大きい。しかし、この危険な「要求」はもうひとつの危険、分配的正義の追求の過程で、生と溶けあった、生そのものである、より根源的な「正義」が踏みにじられてしまう危険への切迫した応答なのである。証言に対する、生々しい、刺激的な、衝撃的な証言に対するある種の欲望が、しばしば善意の水路を通って日本社会に広がっている。だが、そのような証言を見つめるための「まなざし」が、この社会には無惨なまでに欠けている。この二重の観察が、一見感覚的な、官能的にさえみえるこのテクスト、だが、実際には、その繊維のすみずみにまで驚くべき知性が通っているこのテクストを動機づけている根本的な認識である。

具体的にいうと、ハルモニたちの証言をじっと見つめているとふとおそれを抱く。

　聞く前に、読む前に、証言を見つめなくてはならない。読むことに、聞くことにさえ、つねにすでにひそかに入りこんでいる、分類の、分析の、選別の、要約の、判断の、概念化の衝動に抵抗しつつ。この文から、私は、「具体的」という言葉——西洋諸語におけるその原義ではなく、翻訳から生まれたこの固有表現——を学び直す。あるいは、初めて、その意味を学ぶ。体を具えているということ、それは生きている限り途切れがないということだ。あらゆる「特殊化」は体を殺す。どんな善意から出たものであれ、「特殊化」は生の持続を断ち切ることになる。だが、「特殊化」を拒否したとき、あらゆる体験は、特筆され、注目される必要のないものとして、「悪の凡庸」の任意の一例として、無視され、黙殺され、忘却の夜に打ち棄てられる運命に甘んじるほかないのではないか？　この袋小路、このアポリアから、すべては始まる。

生きるということは二四時間の日常の積み重ね。つまり持続。それが生きること、生命そのもの。だから、切れた特殊化をつくってはならない。それをつくらないことで、記憶から生まれた証言や歴史性やシンボル性を、いかに保ちうるか。

平易であるとともに難解な、快いと同時に不快にもさせるこの不思議なテクストを読み進む途上で迷子になった読者——あらゆる読者——には、そのつど、いま引用した部分を含む冒頭の一節に立ち戻ることを勧めたい。この回帰をいくどか重ねるうちに、このテクストが、ある種の自己言及性をそなえていることに気づくだろう。「消費されない言葉、生き方における選択につながる言葉を見つけなくてはならない」。そう命ずるこのテクストは、同時に、「見つける」べき言葉は、いま、ここに、あなたの前にあると言ってもいないだろうか？ また、「求める」べき「まなざし」は、すでに、ここに、描き出されているとも？

何ひとつ惜しむことのないこのテクストは、たしかに、問いを課すのではなく、問いそのものを答として与える。自分が言ったことを、みずから行う。理論的なだけでなく、実践的でもある。このテクストの言葉に、その特異な質に、繰り返し心を横断され、通過され、浸透される経験そのものが、このテクストが求める「言葉」へと向かう特権的な道程でもある。

だが、自己言及性とは、結局のところ、ある一般的な構造の名にすぎない。それに対して、あるテクストがおのれを指さす仕草そのものは、つねに単独的であり、したがって、名指すことができない。そして、このテクストについていえば、自己言及という構造が、自己愛的な、自己防衛的な、自己完結的な、閉鎖的な回路の形象から、これほど無縁でありえたことはかつてなかったと思われるほど、開放的に、無防備におのれを指さしているようにみえる。自己なき自己言及性、とでもいえようか。学問研究の伝統的規範としての客観的中立性とも、これもいまではある種の伝統を形成しているようにみえる文学的近代に特徴的な非人称性とも異質な、このもうひとつの〈私〉の消滅の跡をたどらなければならない。

二重の拒否。〈私〉という言葉は、このテクストに、まれにしか現れない。あきらかに著者へと転送される〈私〉はいっそう少ない。それだけに、そのうちの二つの用例が、決然とした拒否の主体として提示されているようにみえることは注意を引かずにいない。

> 実はもう名付けられるあらゆるものを拒否している私のからだ（……）
> 恥と秘密という形を得て、生きるという生の意味を獲得する過程。これが結果的に女であるという、社会から与えられた、押しつけられたイデオロギー性による結果だという言い方もありうるけれど、断然ここで私はそれを拒否する。（……）／生きるために、というか生きることを意味づけることを助ける思想や原理はあるにしても、なぜ生きるのかということを最終的に問いただす、その権利を奪う思想やイデオロギーなるものは、断然

わたしは拒否する。

二重の、だが、同一の拒否。第二の拒否は第一の、つまり、〈私〉の拒否である前に「私のからだ」の拒否である拒否の派生態、あるいはその必然的な帰結だからだ。根源的な拒否は、いかなる主体の発意によるのでもなく、「私のからだ」のはたらき、ほとんどその生理のように断言される。だが、それは何を拒否するのだろう？「名付けられるあらゆるもの」、名付けられること、名それ自体、といってもいいだろう。

名の拒否、あるいは、名への抵抗。だが、このテクストでは、この抵抗が、無際限の、無条件の、絶対的な歓待の条件をなす。あるいはむしろ、条件と条件づけられるものとが、時間的にも、論理的にも、ここでは、もはや、区別されない。拒否と受容、抵抗と歓待、レジスタンスとホスピタリティが、対立も和解もせず、それぞれその極限的な形のまま分かち難く結ばれ合う場所で、「私のからだ」は、〈舟＝お腹《べー》〉に身をゆだねる。そしてそれは、しずかに、おだやかに、だが、法外な犠牲を払いつつ、あらゆる女たちに開かれていく。あらゆる女たち、つまり、母、元「慰安婦」のハルモニ、そして、植民地主義の結果として「売春が内部でそれ自体生活になってしまっている」韓国の、アジアの、多くは未成年の女たちに。あらゆる名を拒否することで、「私のからだ」は、さまざまな名の作用、名というもののさまざまな作用のため、母と売春婦に、再生産の性と快楽の性に分断されてきたあらゆる女たちの声を迎え入れる。それらの声におのれを明け渡し、その媒体に、メディウムになる。「私のからだ」は、そのとき、もはや、〈私〉のものではない。〈私〉は、しかし、「からだ」を失うのではなく、そのような声たちと同じ資格で、そのような声たちのひとつとなって、この「からだ」に、〈お腹〉に、〈舟〉に宿るのである。

だが、それでは、〈舟＝お腹〉の詩の四人の作者のうち三人までが、まるで偶然のように男であることをどう考えるべきだろう？　第四の、最後の詩だけが、おそらくこのテクストの著者と思われる女の作品である（「母に代わって・娘のわたし」）。しかし、この作品では、女ではなく「おとこのからだ」が、母の手に撫でられている父の遺体が呈示される。冒頭の一節で「男からのまなざしと同時に女からのまなざしを、その両面を見つめたい」と言われていた以上、この交差配置《キアスム》が綿密な「計算」に裏付けられていることはあきらかだ。そして、この「計算」については、語りうること、語るべきことは、おそらく、無限にあるだろう。また、語りえないこと、語ってはならないことも。ここでは、さしあたり、ごく予備的な考察を記すにとどめたい。

行論中に現れる(ひとつ)(ふたつ)という特異な論点提示の作法と同様、この四つの詩も、それぞれ二つずつ対をなしている。最初の二つの詩の作者、韓龍雲と朴ノヘは、今世紀の朝鮮の解放運動、日本の植民地支配からの、また独占資本の収奪からの解放を目指す気が遠くなるほど長期にわたる闘いの歴史の起源と現在に位置する人物である。名作「ニムの沈黙」の作者として名高い韓龍雲(一八七九―一九四四)は仏教の革新をこころざす僧侶として独立運動に参加、一九一九年、三・一独立運動の「朝鮮独立宣言書」に署名して投獄された。また、朴ノヘ(一九五六―)は一九八四年詩集『労働の夜明け』で一躍注目され、現在韓国でもっとも多くの読者を持つ詩人の一人だが、南韓社会主義労働者同盟の指導者として逮捕、無期刑を言い渡され、現在なお獄中にある。

韓龍雲の言葉は、「渡し舟」(朝鮮)を泥足で踏みつける「行人」(日本)をしずかに告発する。〈舟〉を〈お腹〉に読み変えるなら、そこに、植民地化から「慰安婦制度」に至る近代の朝鮮と日本の関係が、単なる比喩としてではなく、くっきりと浮かび上がるだろう。朴ノへの言葉は、男女両性を拘束する母性主義イデオロギーからの、やはりしずかな、だがラディカルな脱却の運動を素描する。この詩的証言において、労働運動の男性指導者は、自らの同一化の対象を母であると明言し(「僕も母のように」)、しかもその母は、母性主義的な献身の美徳を体現する人ではなく、「死にきれない」生を生きざるをえない個の深みから、息子の問いに答える人である。「つぶやきの政治思想」のある部分は、たしかに、ある種の母性主義に危険なまでに接近するようにみえる。しかし、「なんでもいいやさしさの無限の包容力」として表象される伝統的母性像と、ここで「流れ者の女性たちの〈母性〉」と呼ばれるものの、そしてこのテクストのあらゆる運動の換喩でもある「抱き取る」(カムサアンキ)という挙措の含意が区別できなくなった読者は、そのつど朴ノへのこの詩に戻ることで、安易な誤解を免れることができるだろう。とても大胆な、けっして誤解を恐れないこのテクストには、このように、誤解を回避する、あるいは禁止する装置の数々も、周到に配置されているのである。

後半の二つの詩が、そのそれぞれが、またその照応関係が示唆するものは、言い替えや要約をただ試みることさえためらわれるほど濃密である。〈ひとつがすべて、すべてがひとつ〉という、双方向の、単一にして二重の運動によって、ただ一人の男を愛した母の性愛の記憶が、売春が生活そのものと化してしまった女たちの〈母性〉に合流する。問題は、母のなかに売春婦を、売春婦のなかに母を発見することではない。「売春婦」と「母」というふたつの言葉、ふたつの名が、この出会いの瞬間同時にその意味を変え、前例のない変貌を遂げることである。しかも、この前例のない変貌、意味の激震を、けっして「特殊化」することなく、「当たり前のこと」として示すことである。

「つぶやきの政治思想」のなかでもっとも美しい表現のひとつは、「恥をはにかむ」という言葉ではないかと思う。日本語の「恥」と「はじらい」あるいは「はにかみ」の区別とぴったり重なるわけではないにせよ、西洋の多くの近代語でも、英語の shame と shy、ドイツ語の Scham と Scheu、フランス語の honte と pudeur のように、ある類似の運動によって二つの存在様態が区別されている。「恥」が単なる心理学的意味における感情ではなく、社会存在論の次元で解明されるべき根源的なカテゴリーであることは、これまでもしばしば指摘されてきた。しかし、いまなお一般的な図式として通用しているのは、R・ベネディクトの『菊と刀』に典型的に見られるような、規範の内面化の結果である罪意識に対し、「恥」の感情を「世間の眼」のような外在的規範の相関物とみなす考え方であろう。この視点に立つならば、「はじらい」あるいは「はにかみ」は、「恥」の恐怖への反動から、外部の、他者のまなざしを逃れ、わが身を隠そうとする二次的な動き以外のものではない。『存在と無』でサルトルが提示した恥の現象学も、基本的には同じ発想に立つものといえよう。

だが、つねに多少ともプロテスタント的な内面重視の論理、罪意識と責任主体の形成をテロスとする内面化以外に、「恥」と「罪」の対立より前に、「恥」と「はじらい」あるいは「はにかみ」の区別より前に、ほとんど生そのものと溶け合いつつ、つねにすでに働いている、より根源的な、あるいはむしろ前‐根源的な、もうひとつの内化の論理があるのではないか？　そのような論理がなくてはならないのではないか？　外部と内部のあらゆる対立の手前で「恥」を思考する可能性を開き、外部と内部のあらゆる区別に先立つ「内」化という表象不可能な運動を見つめることなくしては、分配的正義の善意の暴力から、生そのものであるもうひとつの「正義」を救えないのではないか？　近代の論理の枠内では「恥」がその相関物とみなされざるをえない社会的視線とは別の、もうひとつの「まなざし」が求められるのは、おそらく、そのためである。

恥と、その恥をはにかむという感覚は、外から見られるような否定的なイメージだけではない。恥というのは、自分の内側にその内緒、内密を抱え込むことによって、逆に生きる生の意味を感じるという、その唯一の、最終的に残ったぎりぎりの〈場〉である。その空間を奪ういかなる思想や原理あるいはイデオロギーなるものも、あってはならないし、ありえない。

「抱き取る」という挙措も、そうすると、このもうひとつの「内」化の運動の様態のひとつなのだろうか？　そう考えうる根拠がないわけではない。「抱き取る」の同格表現のひとつ、「抱え込む」という言葉が、いま見たように、恥との関連においても用いられているからである(「自分の内側にその内緒、内密を抱え込むこと」)。しかし、このような了解の回路は、おそらく、このテクストの読み方として、かならずしも正しいとはいえない。その「内」化の運動を見つめる「まなざし」を私たちはまだ持っていないのだし、おそらくここでこそ、冒頭の一節の、最初の言葉に立ち返らなくてはならないからだ。「分からないこと。分かってはならないこと。消費するのではなく受容しなければならないこと。それは語る私に、聞く我々に、居心地悪さを残す。外部からはどう解釈してもいい。だが、いったん枠に入った瞬間からは、解釈することを拒否しなくてはならない」。

「分からないこと」を思考する道、それは個別的な事例のなかに辛抱づよく身を置くこと、それを経験すること、生きること以外にありえない。「抱き取る」とはどういうことかを思考する道は、「つぶやきの政治思想」が提示するあらゆる「見解」、「仮説」、「分析」、「記述」を、「抱き取る」まなざしに映じた世界の諸相として、先に述べたような意味で「自己」言及的に、このテクストに固有なメタ・レベルで捉え直すこと以外にない。

ここではただひとつの事例だけを取り上げよう。だが、この事例は、おそらく、任意の一例ではない。というのも、ここで見つめられているのはほかでもない、「悲しみ」が、「抱き取る」まなざしが不在の日本社会に存在する二種類の「まなざし」であり、二つの様態への「まなざし」の分裂だからである。そのまなざしの(ひとつ)は、「道義性。責任が届く範囲の道義性を含むもの」、(ふたつ)は、「かったるさ。もう分かってる、あまりいちいち言うな、こだわるなという気持ちを含むもの」とされる。これはけっして「よい」まなざしと「わるい」まなざしの対立ではない。ここで「道義的」と規定されるまなざしとは、「「慰安婦」ハルモニたちの語りを、完全に完結した物語として、証言として問題化する」まなざしであり、「社会が要求する必要性に応じたもの」しか見ようとしないまなざしだからである。それに対して、一見より「わるい」、無関心な、「かったるさ」に満ちたまなざしの方こそ「抱き取る」べきものなのだ。そこから生まれる認識のあり方、その質が、私たちに、具体的に、「抱き取る」とはどういうことかを教えてくれるだろう。

体験の一致性とは身体となった、肉声となった言語のことだけれども、そんなものは不可能だとはじめからあきらめてしまうことが「かったるさ」をうむ。かかわりの程度の問題。もう分かっているということは、時間の不一致性、時間が一致していないということ。それに対するいらだちとせつなさ。記憶に対する距離、存在の距離。

「かったるさ」を手のつけようのない心の硬直の現れと見てただ嘆息するかわりに、その背後に、「体験の一致」をあらかじめあきらめてしまった魂の「いらだちとせつなさ」を見るまなざし、そこには、「お腹＝舟に乗って世界をさまよっていく存在あるいは魂へのいとしみ、魂のかなしさ、それをいとしむ姿勢、いとしむまなざし」に、はるかに通じていく何かがある。元「慰安婦」のハルモニの証言をおそれを抱きつつ見つめるこのまなざしは、その証言を「かったるい」と切り棄てるまなざしにも、同じ眼を向ける。「道義性」と「かったるさ」の同位対立のかなたで、このように「抱き取られた」ときの私たちの、私の「まなざし」の感触、とても語ることのむつかしいこの感触こそ、しかし、二度と忘れえないものであり、「居心地悪さ」を残したまま、「受容」しなければならないものなのだ。

このような「抱き取る」まなざしに内在する知性、あるいはむしろ知恵のなかに、著者は、「抑圧者」と「被抑圧者」の唯一の共生の可能性を見る。この知恵は、分離し「特殊化」することなしには何も語れない分析的知性とは異質な、ある種の総合的、直観的知性であり、このテクストの随所にみられる、ポストコロニアリズムやセクシュアリティをめぐる、絵画のデッサンのように犀利で簡潔な考察のなかに生き生きと躍動している。しかし、この知恵にとっては、具体的であることはある種の抽象作用と対立しない。それどころか、具体的な抽象作用、生の、「からだ」の作用と溶けあった、いわば野生の抽象作用こそ、この知恵を支え、育むものであり、その光源でさえあるのである。

私のお腹を経ていった男たちは、一〇〇人であれ一〇〇〇人であれ、想うひとりになりうるということ。逆に自分の想うそのひとりの身体を通じて、その後ろに見えてくるさまざまな人々へとまなざしがつながっていく。〈ひとつがすべて、すべてがひとつ〉。このとき、男である女であるということを越えて、ひとつの抽象化の次元みたいなものが、空間が露われる。

私たちのあらゆる概念、あらゆる分析、あらゆる判断が、この根源的な「抽象化」の運動の、遠い、はるかな派生態にすぎないとしたらどうだろう？そのとき私たちには、このような思想を概念化し、分析し、判断するどんな言葉もないことになる。だが、生の機能、生そのものであるこの「抽象化」によって、「周りがすべて抑圧されている状況の中での、ほとんど暗闇での、やっとつかめるかどうかという光」が生まれ、「徹底した個として生きていく上でどうしても避けて通ることのできない共同性を、ひとが自分なりに意味づけしていく道」が見えてくるのだとすれば、それを理性の生と呼んではならない理由はない。理性はいまや、単に動物的な、すなわち前‐人間的な、没‐理性的な生命なるものに後から付け加わるものではなく、生そのものから根源的に分離しえないものとなる。このような理性にとって、「恥／はにかみ」の「内」化する運動は、そして「秘密」の存在は、外部から照射し、暴露し、払拭すべき闇ではない。「抽象化」によって昇華された「恥」の火災が、「はにかみ」に染まった顔の色が、そのまま理性の光なのである。その光のイメージ、二つの、呼応するイメージは、後半の二つの詩の最終行に、それぞれ託されている。

わたしのからだに触れ　去っていった／あの　数多くのおとこたちが／たったヒトリのおとこのように／照らしだしてくる／ああ　あの　満月の光

独房のなかで徒手体操をしているおとこ／独酒の迷い子の居場所を嗅ぐ唯一のおんな／棺に入らない膨らんだおとこのからだを／絶え間なく漏れる鉛のような排泄物を／赤ん坊のおむつを替えるように撫でるおんな／そのおんなが生きてた頃のそのおとこのからだのことを／初めて娘に告げながら／顔を赤く染めた瞬間《とき》

「恥をはにかむ」。それは「つぶやきの政治思想」のなかで出会ういくつもの固有表現、ある内在的な翻訳から生み出された新しい言葉のひとつである。注意してみると、いたるところに、このような、これまでの日本語にはない、だが不思議にしっくりした表現がちりばめられていることに気づく。そして、これらの表現は、この文章に独自のリズムや断片性とあまりに深く親和しているので、つねにためらいなしには切り取ることができない。まるで、言葉を切り取ることが、文脈から引き出し、引用することが、すでに、生の持続から「切れた特殊化をつくる」ことになるかのように。余白までが息づいているようなこのテクストは、引用ばかりか、読者が強調のために引く傍線やアンダーラインにさえ抵抗するだろう。本稿もそのひとつである読解の試みは、必然的に、不可避的に切断作業を含まざるをえないが、どんな切断、どんな分析、どんな読解ののちにも、「つぶやきの政治思想」は、あいかわらず、まったく無傷のまま、ゆったりと、無防備に、おのれを指さしているだろう。このようなテクストの呼びかけに、招きに、「歓待」と「要求」に応えるには、読む前に見つめなくてはならない、私たちを見つめているこの言葉たちを。

（うかい・さとし　フランス文学・思想）

忘却は蘇えるか

金石範による応答

一

なぜ、つぶやきの――「政治思想」なのか。奇妙なタイトルというのが、最初の印象だった。つぶやきと政治思想……。読んでいくうちにタイトルそのものが内容に、つぶやきがへそとなってくっついているらしいのを感じた。つまり作者自らが記しているようにこれは「物語」であり、へそを持った生身の存在、「政治思想」が肉化された物語である。もともと思想は身体化されることで人間的になるのだとすると、これはまさしく思想の物語である。何かの政治思想を分析し理解するのではなく、たとえば「からだ」を分析し理解したそのとき、からだは死んでいるように、この物語は一つのからだ――存在として感じねばならぬことに、私は気付かされた。考えるより、感じよう。このどこまでも女性の「からだ」から発して出てくることばを、どれだけ感じることができるか。物語がからだ、生身の物語といってもよいだろう。

つぶやきはからだから発せられるものであり、それはからだの奥深くひろがっている、現実の記憶から離れた忘却へとつながる。——求められるまなざし・かなしみの、そして秘められたものへの——と添えられたサブタイトルの、かなしみと秘められたものは、忘却に半身をあるいは全身を沈めている。

忘却は、物語に登場するシンボル化された〈慰安婦〉のハルモニたちの「証言」の、半世紀の彼方の歴史の無意識層にようやくの水脈をつないでいる。ハルモニたちのからだの奥に根ざす記憶の底の、その記憶を否定してぎりぎりまで死に至る忘却。

「〈慰安婦〉ハルモニたちの語りを、完全に完結した物語として、証言として問題化するとき出てくる問題。網に引っ掛かってくるものと、網から抜け出していくリアリティ。網に引っ掛かってくるもの、つまり社会が要求する必要性に応じたもの。そこから抜け出していくもの、つまりリアリティ。抜け出していく、網からずるずるっと抜け出していくリアリティ、それは、言い換えれば、まだ語れない、語ることのできない、あるいは語ってしまった場合生きていくことができなくなってしまうもの。私はこうやって生きてきたのよ、私はこういうふうに生きているのよという自分のからだのなかでの正当性の根拠を失う可能性のある部分は、話せない……」

網の目から出ていくリアリティが、忘却のなかへ入る。語れない記憶であり、歴史化できない記憶というのがそれである。忘却へと注ぎ、層を重ねて堆積されたもの。忘却は記憶と一体でありながら、化石化状態の記憶、そして死により近いことで、記憶から分離する。死と生のあいだの境界域が忘却である。夕暮れか夜明けのような幽冥にただようのがつぶやき。

社会が要求する必要性に応じた「証言」は、リアリティが「網の目」から抜け出ていったあとのいわば抜け殻であり、抜け出ていって心の底に沈んだ沈黙が忘却である。永遠の沈黙と忘却は死。

「つぶやきの政治思想」に接することで、私は現在問題になっている「証言」の意味と重みをはじめて知るのだが、それは私がいわば社会が要求する必要性の——無知ゆえに非人間的な側に立っていたことになるだろう。沈黙の深い底の忘却の持つ雄弁性、物語と程遠いところに。

「つぶやきの政治思想」は毀れやすいガラス細工のような感性が自ら傷つき、深い思索と強靱な意志に支えられながら生んだ物語である。思うに、この意志は余りに繊細な感性を自ら守るためにほとんど分泌物のように体内で生理的に作りあげられたものだろう。

作者は、解放の論理が抑圧の論理にすり変ることを含めて、ある見方が「周りがすべて抑圧されている状況の中での、ほとんど暗闇での、やっとつかめるかどうかという光の、その空間。そこが瞬間の、生の場所なのだけれど、そこを奪ってしまう危険がつねにある。／生の瞬間なるものは、そこは——もちろんすべてを語ることができる社会になれば、それは一番解放された空間になるはずだけれども——いまのところ、とくに女にとっては、非常に抑圧されている状況が実際に構造としてある以上は、それは秘密でしかありえない……」と、

「恥」につながる秘密の場所を示す。

作者は、このことの理論的把握、概念語を使っての分析で説明したくないとしているが、それは秘密が忘却を底深くかかえ持ったからだの領域に入るからだろう。からだと秘密。恥は秘密に由来する。語ってしまった場合、生きていくことができなくなってしまう、忘却の底に沈んだ秘密——ほとんど暗闇でのやっとつかめるかどうかという光の空間——はほのめかし、つぶやきとなって現われる。

生きる本人に秘密として存在することがイコール生き続けることとつながる。恥は自分の内側に秘密を抱えこむことによって「逆に生きる生の意味を感じるという、その唯一の、最終的に残ったぎりぎりの〈場〉」であり、それはイデオロギーやいかなる思想の原理でもっても奪うことのできない空間なのである。

私はこの物語のハルモニの心に導かれて、忘却の底の森に囲まれた湖のほとりに連れられた。トンネルのような長い夢の階段を深く降りて行ったそこは苦しみや悲しみが際限なく降り注ぎ積もったところ、夢の群生するところであり、忘却のかたまったところ。意識的な忘却が無意識層を作り、外からの抑圧が忘却——無意識の層を重ねる。

語れない記憶。歴史化することのできない、そうさせない記憶。破片のような記憶。いま続いている本人たちが生きることにつながる記憶。つまり、証言に、歴史になっていく過程ではない、歴史化できない記憶の破片を抱えていま現に続いている生。その生には大事な破片。

象徴としての体のはたらき。

ハルモニたちは象徴として登場する。侵略戦争の頃に十代、二十代の若いからだの、いまなお、記憶の破片をかかえて現に生き続けている女として。「もう、隠すべき人は、すべて死んでしまった。また私は一人に戻った。失うものはない。なぜいまさら、と聞く人がいる。それは違う。半世紀後だから、やっと話せることもあるんです」。

一九九七年十二月なかば、慰安婦体験を実名で最初に証言した金学順ハルモニのソウルでの病死を一新聞が報じた(『朝日』十二月十六日)。七十三歳。引用は、九一年日本政府が慰安婦は民間業者の仕事だとして国の関与を否定したことを聞き、ハルモニが自ら証言の決心をしたときのことばである。

ハルモニたちはぎりぎりのところで生につながる忘却のままにしても、そして性奴隷だった過去を曝すことによる社会的烙印と自らの精神的制裁をもたらす証言にしても、記憶の掘り起こしはハルモニたちのいまある生を押しつぶすことで死に近づく。

死にたえていた忘却、殺された記憶が半世紀後に蘇える。長く暗いトンネルをくぐって。やっと忘却が「証言」で社会化されたものの、それでもなお「網の目」から出て行ったままのリアリティがあるだろう。証言としての社会化は、同時に忘れてしまいたい記憶の深いところにある秘密、「自分のからだのなかでの正当性の根拠を失う可能性のある部分……」を外へ引き出す苦行である。ぎりぎり死に接する忘却から、ぎりぎりの生を生きて、ハルモニたちは死んだ。

二

忘却は秘められた場所で凝結した夢のかたまりでもあるだろう。この物語自体が象徴的であるように、忘却は氷山のように海に沈む影であり、「忘れたい記憶」、「語れない記憶」、「歴史化できない記憶」、「痕跡としての記憶」とか、これらの失われた記憶のすべては眼に見えない忘却の比喩といってよい。

政治は人間の夢を忘却に押し込む暴力を発する。この物語はハルモニをシンボル化しながらの「よっつにしてひとつの物語、ひとりの女の物語」だが、彼女たちは暴力で押し込められた死に至る忘却から現実の記憶──現世と交感する、現世と冥界を一身に担う媒体であり得るだろう。「ひとりの女の物語」のなかの一人でもある作者自身が、この作品の詩的な象徴からしても、シャーマン性を担っているような気がしてならない。

「つぶやきの政治思想」の向うにさらにあるものは、忘却したものとしての「ふるさと」ではないか。そのふるさととは、作者の心の海の上に浮かぶ忘却の島であり、自ら断ち切ったか、断ち切られたか、忘却の過去への、海の彼方の島への望郷と断絶の歌がこの物語である。

島の人達は白い森になって山を取り囲んでいるススキを畏れていました。小さな島の殆どの人が死んでいたその日以後、その魂は島を離れられなく、ススキになりいつも島を彷徨っていると信じていました……。

……ふと気がつくと、何処からかあの風が、ススキの森の中に自分の殺した島の人々と一緒に眠っている父の影をのせ吹いてくるのです。

消え去ることの無い
記憶、

痕跡、その塊

（李静和「遠い島の友へ……」）

ほとんどの人が死んだその日とは、五十年前の済州島四・三事件のことを指すが、島の最後のゲリラだった父について、固く口を閉ざしている作者が一言、風のようにふれている一行がある。

独房のなかで徒手体操をしているおとこ
独酒の迷い子の居場所を嗅ぐ唯一のおんな

棺に入らない膨らんだおとこのからだを
絶え間なく漏れる鉛のような排泄物を
赤ん坊のおむつを替えるように撫でるおんな

そのおんなが生きてた頃のそのおとこのからだのことを
初めて娘に告げながら
顔を赤く染めた瞬間《とき》

これは物語のなかで唯一、父にふれられた自作の詩。

島の過去は忘却のなかにある。語ってはならない、語れない記憶、ただ痕跡のかたまりのなかにある。二十数万のうち四分の一の島民が虐殺され、島全体が血と火の海に化し、人間の肉体も魂も完全に破壊しつくす惨劇を経た島。政治が歴史の記憶を抹殺し、徹底的にタブーとして闇に葬り、自ら記憶を殺した島民たちは死とぎりぎりに近い忘却の底に、ススキの森の中に自分の殺した島の人々と一緒に眠っている父の影を背負う作者とともども、半世紀のあいだ沈んできた。

現在、四・三事件の真相解明運動が歩一歩進むなかで、闇の底から「証言」が立ち上り、歴史をまえに押し開きつつある。氷河に閉じこめられ心がかすかな陽光に開かれながら、どのように「証言」の道へ辿り着くのか。綱の眼からこぼれたリアリティから綱の目に残り得るリアリティへ、忘却から記憶として再生できるのか。

島の破滅したゲリラの最後の生き残りだった父、島のすべてのこと、ここにいる日本の海の向うのところの、忘れてしまいたいこととして時空の彼方に押しやられているはずのものが、疼きとなって忘却の扉を撫でさすり、そして叩く。その忘却の扉の疼きのふるえが、作者自身がその一人である「ひとりの女の物語」である。

体が覚えているのに語れない記憶と、語りたいという欲望に運ばれてしまった記憶。どちらにも体の病気がおとずれる。強迫的に語ったあとの虚脱感は自意識ゆえの体の病気。だが、語ることさえ体が拒否するとき、おとずれてくる体の兆候。

忘却は抑圧された心の澱のかたまりである。からだの病気が訪れる記憶の言語化作業はセラピーをともなうほどにむつかしいが、セラピーのないところでは朝鮮の場合のように、日本の身の上話を物語化したような口説き——身勢打令《シンセタリヨン》が抑圧された生の歌であり、生の営みの証しをする。自我分析が可能なセラピーとは違い、「今まで生きてこられたと自分自身を慰める、あるいは今生きているよとほのめかす、ため息のようなもの。この場合、分析は行われない。想起すると同時に記憶をさらに深くからだにしみこませる。そこには、過去を懐かしむはたらきがつねに伴っている。今まで生きてこられたということを、自分のからだのなかで正当化する」、分析を拒み客観化できない記憶を辿るのが身勢打令である。

しかし身勢打令と「証言」の作業はイコールしない。社会が女にとってとくに朝鮮では男より極めて抑圧された状況の構造としてあるように、身勢打令は女だけの恨《ハン》を解く哀訴の歌である。

証言は語りを求める社会的要求性と自らのからだが納得することばとの折れ

合いによって実現する。「与えられた歴史的な条件」と条件のなかで生きている者の「生の価値」との折れ合いは、作者のいう「自己尊厳」の実現の過程、そしてぎりぎりに死に近い忘却が記憶として蘇える場である。

ここでは身勢打令はより現世的なものとして後方に退き、辛ろうじて浮上する無意識層と現世的意識の出会いに至るが、それはシャーマンの世界に重なり、この物語自体が忘却を現実につなぐシャーマン性をおびる。山の湖底深くに水没した集落の倒影が水面でのように透かして見える光景の物語。じかに無意識層を語ることなく、無意識層——その現世的メタファーとしての記憶——を語っている、現実と夢が全景として見える物語である。

わたしは渡し舟
あなたは行人
あなたは泥足でわたしを踏みつけました。

（「渡し舟と行人」万海・韓龍雲）

一九二〇年代の詩の最初の三行が訳出されているが、作者は自ら「これはいくつかの〈ベー・舟物語〉である」と書く。朝鮮語の「ベー」は人間の腹、おなかのことであり、また日本語の舟をも指すことから、「ベー」には舟と腹の両義性がある。

「ひとりの女の物語」の「ベー」(舟)は、抑圧の底の女性性と母性性を表象して漂いつづける。舟は母性の比喩である。女がまだまだ抑圧されているような構造、国家構造のなかで女性イデオロギーを超えるような、女性が〈母性〉を逆に利用し得るような一つの可能性は内在しないのか。弱者や疎外されている人々を抱擁し得る力としての〈母性〉を否定しないなら、それはその女性自身を救いとるだけではなく、他者をも救いとる可能性となり、そして「……女性の抑圧構造が社会全体に非常に強い、女性性——この場合、弱者を含んだシンボル的な意味になるが——が非常に抑圧されているところでは、逆にそれしか、救いの道がないのでは」と、作者は漂う舟のへさきを向ける。

作者はその〈母性〉の現われ方を日本語で「抱き取る」と表現する。あるいは「抱きこむ」などだが、「감싸다——カムサダ」、「감싸안기——カムサアンキ」を直訳するなら、包み抱くとなる。それはイデオロギー的な母性論とは違う「もうひとつの母なるもの、女なるものの可能性」としての母性の現われ方であり、ひたすらに抑圧されたものとしての、ぎりぎりに生につながっている忘却を抱いたハルモニたちの存在がそのシンボルとなる。

作者は「渡し舟と行人」の詩に象徴性を持たせ、そして長くなるのを避けるために冒頭の三行にとどめたのだと思うが、あとの詩行を私の直訳で続ける。

わたしはあなたを抱いて　川を渡ります
わたしはあなたを抱けば　深さも浅さもいとわず　急な早瀬でも　渡って
いきます

もしもあなたが来ないときは　わたしは風にあたり雪と雨に打たれ　夜から昼まで　あなたを待っています
あなたは川さえ渡れば　わたしを顧みもしないで　行ってしまいますもの
それでも　あなたはいつでも帰ってくるのを知っているの
わたしは　あなたを待ちながら　日に日に朽ちていきます
わたしは渡し舟
あなたは　行人

さらに物語のなかのもう一つの詩を再引用する。

わたしのからだに触れ　去っていった
あの　数多くのおとこたちが
たった一ヒトリのおとこのように

照らしだしてくる
ああ　あの　満月の光

（「満月」宋キウォン）

「べー」を踏みつけて去ったその足跡、そしてそれをも包みこんで抱く舟の物語。踏みつけられ、踏みつけられて、待ちつづけ、待ちつづけながら日に日に朽ちていく、わたしは渡し舟、あなたは行人。それでもあなたはいつでも帰ってくるのを知っているの。

「……自分の舟に乗った男たち、それを逆にさすってあげる、抱え込むというこの行為自体が、他者との共生の道を開くのではないか」。それは抑圧された者からの恨を超えて抑圧者をともに包んで抱き取る救い――生への道である。

抑圧された女たちが集まって恨を解きほぐす一つの儀式をあげること、「クッという儀式」、朝鮮での巫祭を指すクッという儀式を通して死者の魂やいま生きている自分の記憶を癒す、それは恨を解く儀式につながるが、この自分の記憶はぎりぎりのところで生につながっている忘却であり、その生と死の境域で癒しの巫祭(クッ)が行なわれることになるだろう。一つのシャーマンの空間。それは忘却からの再生であり、怨恨を晴らすのとは違う、自らの恨を解き恨を超えた共生への道程である。シンボル化されたハルモニから、さらに抑圧された側からの抱擁、大きく包み抱いてともに生きる道への祈り。

この物語は作者も「ひとりの女の物語」のなかの一人の女である、失われた愛の普遍への自己超越、転生の歌ともいえるだろう。失われたものとしての忘却、死としての永遠の忘却。ハルモニたちのぎりぎりに死に近い忘却は幽冥の夜明けでのクッ——恨の解きほぐし——とともに蘇えり、化石化状態の記憶は現生の生へ蘇える。

意識層では眠っているのに、無意識層では生きている生命の現象が夢である。夢の底にまた重なる夢の層があり、あるいは岩盤に閉ざされたまま終りまで夢の舞台へ上ってこない夢があり、何かのきっかけで何十年間埋もれていたものが深海の底から夢のなかへ噴き出てくるようなこともある。

海面下の氷山のような大きな無意識の影を水面に透かして見せてくれたこと。いわば意識と夢——記憶と忘却のありようを一つの全景として示してくれたことが、私にとっての「つぶやきの政治思想」の功徳である。

ところでこの場合、全景の一方とでもいうべき忘却のなかに、「ふるさと」がある。断ち切ったか断ち切られて去ったか、作者の心の海の上に浮かぶ忘却の島のことだが、その断絶のはざまに、ことばのこと、朝鮮語と日本語との関係があり、それは意識のなかの言語機能の断絶を超える苦しい操作、たたかいを生み出してくる。

作者は日本語以上にもともとの母語でもある朝鮮語にすぐれているのだが、それでも朝鮮語でじかに書かない、からだが書くことを許さないのはなぜか。それは、ここが日本の土地だからということではない。朝鮮語で書けば死ぬかも知れないし、とするとそれはなぜか。

ふるさとのススキの白い森をわたる、錆びついた鉄がぶつかるような風の音。

四・三事件でほとんどが死んだふるさとの人々の魂がススキになっていつもさまよっていると信じられている島。ススキの森のなかに自分が殺した島の人たちといっしょに眠っている父のこと。生きている母のこと。愛のこと。「ふるさと」は忘却の島である。

朝鮮語のことについていえば、自分のからだのなかで熱し、醗酵し、汗ばむにおいを発し、香りを漂わせていた「ふるさと」のそのことばは、忘却の断片の生身、からだのなかのからだに、じかに、それが傷口なら強い潮を含んだ風になって触れる。「ふるさと」のことばは石ころに、つぶてとなって作者を撃ちつづける。亡霊のつぶての群れが、人を殺すだろう。

なぜ日本語で書くことをやめなかったのか。日本語で書いたのは、作者の逃避だといってもよい。それでも書かざるを得なかった。復讐でもあるか。そして、このことばの距離こそ作者を救う。

このことは日本語を超えて、想像力の共有を果し、一つの普遍的世界を作りあげるのに力になったといえるだろう。

日本語での表現の成立は、作者自身の忘却からの蘇えりであり、たたかいであり、自らの救いへの祈りとなって、愛と重なる。

それにしても不安な祈り。祈りというのはもともと不安なものながら、物語の最後の三行をここへ移す。

〈ベー〉に耳を傾ける。

聞こえてくるせせらぎの音。この小舟は、いずれ、〈海〉へたどりつけるかなぁ……。

（キム・ソクポム　作家）

〈ベー〉を反芻する

崎山多美による応答

愚かに謀略に満ちた昨今の政治への憤り、苛立ち、鬱屈、を脇に措いておくわけにはいかないという思いを抑えがたく抱えながら、しかし、そういう声高に一方的な言葉などでことを語ること自体を、本書は拒んでいる、とすぐにも理解した。それで、憤りばかりを誘発する政治の状況からいったんは目を伏せることにし、行きつ戻りつ、立ち止まり、言葉を探してみたのだけれど、思いの深さにもかかわらず、あるいは深さのせいか、思いはいっそう沈み込むばかりでなかなか輪郭を結ばず、応答の言葉をつかみ損ねていた。

なにより、『つぶやきの政治思想』というタイトル。

十数年前、はじめて手にしたときの、すとんとは落ちないが、かぼそく震えながら謎を秘めた、つぶやき、と、少し強張った、政治、と、思想、が、そっと、だが意思的に結びつく気配に引かれてページを捲った手がちょっと緊張した、そのことを思い出す。

初めに、すべてを包みこむ言葉が伝えられる。〈分からないこと。分かってはならないこと。消費するのではなく受容しなければならないこと〉。六ページ目に、叫びと痛みを、低く鋭く詠う詩句の引用。引用の延長のようにつづく言葉が、ときに強く拍を打ち、切断される、と感じる次のしゅんかん無音のうちに浮かび上がる、ひとつの淡い影と、もうひとつのかたまりの影が、ふいと結ばれ、溶け、その後に訪れる、世界に投げ出された個へのまなざし。やわらかに深いまなざしが、無音の底に追いやられていた存在の在り処を掬い(救い)取るように、注がれる。強靱と柔軟、唾棄と「抱き取り」、沈潜と浮上、その拍のうねりに読み手は打たれ、捕捉される。

詩人でもある著者のそのような言葉の拍に、密かな私的記憶の場を辿ることを促された時間が、かつてあった。数ページ読んだところで胸衝かれ、揺すられ、思いがけず浮上した記憶の蘇りに出会う、ということが。あえていう、シンセタリョン(身世打令)への促しのような、と。

李静和、という著者への想いは、あのときの記憶のゆらぎから始まっていた。ではあったが、消えかけの遠い私的記憶を取り出すことへの気後れと、記憶の所在のあまりのあいまいさから、あのとき、浮上した記憶の場を咄嗟に封印せざるを得なかった。今、思いがけなくも本書への応答を求められるという幸運な、しかしいっそうの緊張を伴うめぐり合わせに、かつての想いのいきさつをどうにか書き起こすことから始めるほかにない、とためらいつつも決意した。記憶の出来事を記述する言葉への不安と疑問は避けがたくあるにしても。

本書を通奏低音のように響きつづける、〈ベー〉。

すぐにも私は、〈テンプス〉という沖縄語を想った。臍、という意味の。「舟」と「お腹」、「抱きとる」「母性」の可能性への深い思索。

初めに引用された詩(ふたつ)。

心のゆらぎはここから始まった。日本の植民地時代、朝鮮人としての解放を求め抵抗し続けた詩人二人の、詩の断片だった。

（ひとつ）　わたしは渡し舟／あなたは行人／あなたは泥足でわたしを踏みつけました。（「渡し舟と行人」　万海・韓龍雲）

（ふたつ）　何故生きるかとおたずねする　と／死にきれなくて／おまえのために　だと／そういわなかった　母は（「僕も母のように」　朴ノへ）

別々にある〈ひとつ〉を結ぶ〈ふたつ〉。あるいは唯一の〈ひとつ〉に込められた〈ふたつ〉。その、それぞれの〈ふたつ〉を「抱き取る」場面を、とっさに感じ取ったわたし自身の密かな記憶が、たしかに、あった。それを今、ここに書き起こしてみようということなのだが、とはいえ、わたしの場合、著者のいう〈ひとつがすべて、すべてがひとつ〉という抽象の空間にはほど遠い、破片のような記憶、断片としての具体の身体の記憶を語ってみようというにすぎない。

〈ベー〉の響きは、わたしと、わたしの母にまつわるおよそ六十年前の島の記憶と、それから十年後、島を出たあとの生活の場所を結びつける、少し切なく、狂おしくもあった記憶の場を同時に浮かび上がらせることばとして、わたしを刺激した、ということ。べつべつの記憶の場にあった「舟」と「お腹」が、その後を生きながらえた母とわたしを結ぶ微かな一本の糸として浮上し、「舟」に「お腹」を乗せた〈べー〉が、ゆらり、ゆらり、と記憶の向こうからやってきた、というような。その、抽象化にはほど遠い、輪郭もあいまいに沈んでいた記憶の破片を今ここに確認してみよう、ということなのだが。

(べー　ひとつ)「サバニ」(小舟)。

わたしは五歳か六歳。小学校へ上がる前。島の夜の海へ向かって、母に手を引かれていた。歩いた道すがらの記憶はまるでない。だが、握られた左手の感触、いくらかごつごつした母の手が痛いほどにパジャマ姿のわたしの手をにぎりしめていた。にぎり返せないほどに強くにぎられたその感触はいやに記憶に刻まれている。というより、その感触の記憶自体があの場にわたしを連れ込んでいる、という気がする。あのあとの霞のかかった記憶から取り出せるのは、浜辺に広がる砂の白さ、月があったかなかったか、海の暗さとほのかな光のコントラストはいやに鮮やか。あるいはこの夜の海の風景は事後の操作かもしれない、という気はする。季節はいつだったか。少し寒かった。潮の匂いもあったか、なかったか。そして、サバニのなかの、ぬるっとした板べりの感触。その上で、すっぽり母の胸の内にいた。窮屈さに何度かもがいた。が、逃れることができず身を硬くして蹲《うずくま》っていたのは、丸まった母の背と腕に息詰まるほど抱きしめられていたから。そんな、記憶の断片——。

母の晩年、末期の骨髄腫が発覚し、余命を数えながら過ごした付きっきりの看護の傍ら、自らは自分を語ることの少なかった母の人生をせめて娘として聞いておきたいと、気になっていたあれこれを聞き取る時間があった。あのさ、あんなこと、あったよね、あれ、なんだった？　ためらいながら訊いた。すると、頬の落ちた顔の中の大きな目が、くるり、くるり、と動いて、ああ、と頷き、呆気ないほどにすんなり、死のうと思ってたさ、と。あんたを連れて行ったのは、あんたといっしょだったら、海に入っていくの、止めるだろう、って思ったからかね。わたしも頷いた。そう、たしか、あのとき、幼いわたしが察知した記憶の気配も、そんな感触だった。だから、ずっと気になっていた。母の目の表情から零れた、ことばにならないなにかがどんより心の底に墜ちたが、やっぱり、とあのときは納得した。夜の浜辺に、サバニがあってよかった、その中に蹲ることで、母とわたしは命を暖め合うことができた、というようだったから。十四年前の晩秋、日に日に死の気配を濃くしてゆく母の傍らで、気がかりだった記憶の気配を確認したことがあった——。

死に誘われ夜の海へ向かいながら、死に向かう己の心を引き留める艫綱《ともづな》として幼な子を引きつれ、夜の浜辺の小舟のなかで夜を過ごさなければならなかった、まだ二十代の母の身に起こった出来事とは、なんだったか。共にした生活感覚のなかでぼんやり想像できることはあった。けれど、あえて聞かなかった。遠い記憶の死の気配より、やがて失われる命への気遣いの方が、あのときの私には遥かに切実だったから。終戦直後の、なにもない貧しいばかりの生まれ島を離れ、流れ着いた他所島で家族を襲った不幸から再び島を出てゆかねばならなくなった挙句に辿り着いた基地の街で、病床の夫の世話と五人の子どもを養うためだけに昼も夜も働き詰めだった女の人生へのいとおしさだけが、わたしを母に向かわせていたから。

（べー　ふたつ）「お腹」（お乳）。

わたしは十六歳、高校一年の冬。記憶が明瞭であるはずの年齢であったが、体験時の意識状態に問題があった。仮住まいの街の生活の夜、風邪をこじらせたのだったか高熱に見舞われ、寝込んだまま立ち上がることも叶わなかったが、助けを求める大人はいなかった。夜中過ぎ、夜の仕事から戻った母が、高熱に喘ぐわたしに施した思いがけない行為。朦朧とした意識のうちに目撃した母の行動は突飛だったが、仕草のひとコマひとコマは、スローモーションのシーンと皮膚感覚で記憶されている。寝転がったままのわたしに母はなにやら声をかけていた。返事もままならない様子に驚いたのだろう、荒いしぐさでわたしの着ていた衣類を丸々剝ぎとった。おもむろに立ち上がると、母自身も着ていた上衣を全て脱ぎ捨て、入ってきたばかりの玄関口へ向かう、と見ていると、大きくドアを開け、そこで外向けに立ちはだかった。上半身裸の体を夜風に晒していた。ドアを塞ぐほどにたっぷりとした風呂敷のような生白い背中と、こちらに近づいてきたときのたぷたぷとした乳房を、転がった位置からぼんやりわたしは目撃した。痩せてはいたが十分に大人の体付きにはなっていたわたしに、冬の風に晒され冷たくなった乳房を、乳飲み子に与えるように、含め、とばかりに母は押し付けた。やふぁっ、と豊かなおっぱいが首や額や胸やらに巻きつき、高熱の苦痛がしゅんかん引いて、同時に、ぷーん、とオキシフルとアルコールの混ざった匂いに包まれた。夜の仕事から持ち帰った母の匂いだった——。

この記憶の所在も、病床のベッドの傍らで確認した。ちょっとわずらわしげに、「カタクチワレー」(片口笑い)の口元で、「照れ笑い」ようにもみえる変に生気の漂いさえ感じさせた「うすい笑い」を浮かべ(この表情を、著者のいう「恥をはにかむ」というような、生の根源を掬い取るような表現で言い換えることがわたしにはできない)、そんな表情で、母は、少しぶっきらぼうに言った。あのときはよ、家には、熱冷ましの薬も食べ物の買い置きも、なあにもなかったからねえ、とにかくいっときでもはやくおまえを楽にしてあげようと、あんなことをしたんじゃないかねえ、と。抗癌治療の厳しさにも、医者が訝るほどに苦痛を訴えなかった母の堪え方を、わたしは、ただ見ているだけ、発するその声をただ聴くだけ、だった。

生活者として生きるためだけに、他所の土地、他所の国に、選択の余地もなくあるいは強制的に移動させられ、その場所で理不尽な行為を続けなければならなかった女たちの生の在り様を、その時空から遠く離れた者は、どう辿ることができるのだろう。特に、仕組まれた謀略的な国家制度、植民地主義と呼ばれる支配体制の下で、他にありえたはずの本来の生を奪われたひとびとの生(性)を、わたしたちはどう想像し、著者のいう「現場性」を発見することができるのだろうか。本書を通して聴こえてくるのは、そのような、贖《あがな》いようもなく蹂躙された「人権」と個の存在への深い希いだ。

「従軍慰安婦」という呼び名を与えられた女性たちのいたたまれない体験がある。歴史の闇を跳梁するかのような歴史修正主義者なるものたちが、強弁し、権力者と結託し、出来事を消し去ろうと画策しようがなにしようが、否定しようのない歴史的事実、いや残虐無比な「戦争犯罪」である。ようやく語られ始め聞き取られるようになった当事者たちの声の「現場」とつながる言葉を手にすることは可能だろうか。そのことを想わざるを得なくなった、出来事を、わたしは、これから書きとめようとしているのだが。

（べー　みっつ）母の声。

この声は、わたしが要求したのでも、それを語りだすきっかけらしき情報がその場にあったという覚えもない。母の記憶の底から、母自身も忘れてしまっていたかもしれない、耳にしたそのときは聞いた耳を思わず塞いだかもしれない、そのような他者の声を、母は、死の病の床から、突如として発したのだった。わたしに向けてだったか自身に向けてだったか。——「あぬよ、くんぐとぅるやたんど」(あれはよ、こんなふうだったさ)という前置きがあった。

チョセンぴー、チョセンぴー、ぱかに、しぃーるなっ、りゅちゅードぉージン、もぉほーっと、きぃーたないっ。(朝鮮ピー、朝鮮ピー、ばかにするんじゃないよ、琉球土人はもっと汚いじゃないかよ)

天井を見上げた大きな目の、強迫的な母の表情を、わたしは切り取られた画面のように思い浮かべることができる。渾身の芸を披露してみせる、とでもいうようだった。

宮古島での生活のことをぽつぽつ語りだしていた。四人兄姉の末っ子で、生まれた直後に産んだ母親を失い、母親の顔も感触も知らない娘であったこと、幼少時に左足に罹患した破傷風のせいでずっとびっこを引いていたため、「チンバ」「チンバ」とからかわれたこと、それで、学校へ通う時間が人の何倍も掛かり、始業時間に間に合うには薄暗い時間に家を出ねばならず、難儀さに学校はずるしがちになったこと、あれは、そのずる休みの散策で聞いた声であった、という。

十二、三歳にはなっていた戦時中、宮古島の城辺《ぐすくべ》町比嘉《ひが》の集落はずれに、華やかな雰囲気を放つ女性たちの住まう一軒の家があった。遊び仲間もなく帰宅時間までの時間つぶしの徘徊でその場所へ迷い込んだか、興味半分で行き会ったか、その家を覗き見するシマの輩たちと出くわすことが、たびたびあった。そこに住まう女性たちと輩たちのあいだにどんな交渉やからかいがあったか、輩たちへ向かって叫ばれた女性の声、あの声を、母の耳は盗み聴いた。声は、石礫《いしつぶて》のように、甲高く、何度も投げつけられ、母の耳にこびりついた。

「ばすきらりるむんや、あらんどぅ、あぬクイや」(忘れられるものでは、ないよ、あの声はよ)、と、発した自分の声を自分で引き取るようにして、肩で息をし、首をゆらし、母はそう付け加えた。凹んだ大きな目は乾き切り、空で静止した瞳は、傍にいる者を遠ざけていた。あのときの、あの表情、あの身振りは、わたしのなかで何度も反芻され、今では映像化されてしまっている。想いがぎゃくにこんな映像を作り出したかもしれない、という記憶への疑いも、どこかにはある――。

なぜ、あの声を、あの期に及んで母は発したのか、遠い昔に聴いた他者の声を、娘の私に敢えて「真似伝え」にしたのか、それも、こんな明瞭な意味を帯びた言葉として記憶に残せたのか、もしや母は、成長後にうわさで聴き取った話に支配されていただけではなかったか。いくつもの疑問は現在も解けない謎としてわたしの中でくすぶっている。著者のいう、「分析」し「判断」することの貧困を意識しつつも、だが、あえてわたしは、あのときの母の置かれた場の状況へ近づく方法として、わたしにできうる「考察」を果たさなければならない。

分からないことばかりのなかで、ひとつだけ、わたしに判断可能なことがあった。あれは、うわさを聴き取ったのではなく、実際に母の耳に届けられた声ではなかったか、と思われる母の気質をわたしは思い出すことができるから。もともと母は人の声真似、とくにシマウタサー(島唄の歌い手)の真似を自己流にこなすのが上手な、細く高い声の持ち主であった。口数の少なかった母がときに隠し芸を披露するように、セーファー(登川誠仁)やテルリン(照屋林助)の早口の口説き調や、リンショー(嘉手刈林昌)の鼻にかかる男声の唄癖を、なにかの折、むりに抑えた声で真似してみせることのあったおちゃめな姿を、わたしは救いのように思い出すことができる。小さいころから勉強はできなかったが、裁縫と、なぜか人の唄真似は得意だった、という。

そんな母だったから、何度か聞いた、チョセンぴー、という、己に向けて言い放された蔑称を相手に投げ返す女性の声を、学校へも行かずびっこの足を引きずり島を徘徊する自分の身に「ウチアタイ」(身につまされる)する声として感じ取ったのではなかったか。だから、女性たちの声は母の心に強く記憶された、と。そんなふうに想像してみるが、しかし、一方で、全く別の、逆転した場面があったのではないか、という疑いも拭えない。もしや、母も、学校の仲間に加われないくやしさや鬱憤を晴らすため、女性たちをからかう輩にまじって、チョセンぴー、と言い放ったかもしれない、と。そのことが、子ども心に深い罪の意識を醸成したのではなかったか。それがなんらかのトラウマとなって、あのとき母を襲ったのではないか——。この想像は母の娘として辛く悲しいが、すっかり否定する根拠を探しだすこともできない。

どういういきさつで聞き取られた声であったとしても、母は、あの苦痛の極みの場面であの声を再現してみせた。母の発した声の高さ、アクセント、訛りがどこまで彼女たちの声に近づいた声であったか、確認する術はないが、それを、わたしもまた、母の声を真似てわたしなりに繰り返すことはできる。ただ繰り返すだけで、ぎりぎりの工夫で文字化した前述の表現を書き留めるだけであるが。

あのあと、小説家として、あの母の声にまつわる作品を書くことで母の声に応えようとわたしは決意した。思い立ってから七年目、中篇とも長篇ともいえぬ半端な長さの作品は、堂々巡りの泥沼に沈みこむばかりの物語で、救いの光を与えられるようなものにはならなかったけれど、それでも、ようやく活字化にこぎつけることができた。そのうえ奇跡的な出会いがあって、縁ある文学者の手によって韓国語に訳され、韓国の地で舞台化までされるという幸運にも恵まれた。このことを報告すべき母は、もうこの世にいないけれど。

韓国の身世打令みたいなものはすべてを語るのではなく、すべてにつながるひとつのことを反芻する。反省というより反芻。自己の批判的対象化というより、今まで生きてこられたと自分自身を慰める、あるいは今生きているよとほのめかす、ため息のようなもの。この場合、分析は行われない。想起すると同時に記憶をさらに深くからだにしみこませる。

わたしを母の記憶に導いた著者のことばだ。反芻するだけ、想起し、そして深くからだにしみこませる、それだけでいい、と。

しかしわたしは、「分析」はいけない、という著者の言葉をうらぎる文章を今書いているのだろう。それでも、遠い他者の島のシンセタリョンに魅せられて、わたしは、母と過ごしたあの時間とあの会話を、反芻する。島と島をつなぐ〈ベー〉のうねりに乗せられて。

太平洋戦争時、朝鮮から沖縄に強制連行された「慰安婦」たちの跡を辿る優れた研究書を、私たちは何冊か手にすることができる。沖縄の朝鮮人「慰安婦」の言及として最も説得力のある著書、韓国生まれの研究者、洪玧伸著『沖縄戦場の記憶と「慰安所」』と、洪氏編集による『戦場の宮古島と「慰安所」——十二のことばが刻む「女たちへ」』の二冊。それともう一冊、在日朝鮮人として沖縄の地で不可視化されたままの朝鮮人の痕跡を辿った、呉世宗著『沖縄と朝鮮のはざまで——朝鮮人の〈可視化／不可視化〉をめぐる歴史と語り』。これら浩瀚な著書において、根気強く深い探求作業の跡を追うことができる。とくに、『戦場の宮古島と「慰安所」』は、戦時中の宮古島における朝鮮人慰安婦たちの痕跡を、目撃者を尋ねて記録した重要な証言集だ。

母の死から四年後、二〇〇九年九月に「なんよう文庫」から出版されたこの著書のなかに、わたしは、母の記憶の声の時空を確認する証言を読むことができた。城辺町の「サズガー」にあったという慰安所を目撃した体験を語った、母より三歳年下、一九三一年生まれの下里愛子さんの証言は、母が少女時代に徘徊しただろう場所と状況を暗示するものだった。

そして、一九二七年生まれの久貝吉子さんによる証言は、どこか母の受けた衝撃と似たものを思わせたが、発せられた声を「真似伝え」にしかできなかった母とは違って、明確な自覚で語られた体験談である。

久貝吉子さんの証言。——「外出許可のマークをつけた兵士たちが慰安所にゾロゾロとやってきて、列を作っていた。もう、我慢できない。兵隊が並ぶのを見て、嫌なんていうもんじゃないよ。「私を助けて!」と叫びたい気持ちだった」——。

この証言については、呉世宗氏が著書のなかで、沖縄の女性たちにも「慰安婦」への加害意識、罪責感、共感、があったことが鋭く指摘されている。
それと、この光景、「兵隊が慰安所の前でゾロゾロ並ぶ」光景は、太平洋戦時中だけのものではない。ベトナム戦争時、思春期を「コザ」で過ごしたわたしにとっても、ありありと見覚えのある光景である。戦争があるかぎり、「安全保障」という名の戦争準備体制が国家にあるかぎり、女性たちの身体の傷は疼きつづける。個の身体に刻み込まれた癒えることのない傷痕は、時空を超え、つながり、伝えられつづけなければならない。今を生きる命へと。

最後に、戦後四十七年の新聞記事。兄を探すきょうだいの声の引用。――「昭和19年、宮崎・都城市へ入隊。同年6月29日、「富山丸」に乗船して沖縄へ向かう途中で撃沈され、奄美大島へ漂着。その後、沖縄・首里へ派遣され、那覇郵便局気付「球一六一六部隊」に所属。「昭和20年6月20日、沖縄群島で戦死」との通知だけが。どんな事でも結構です、教えて下さい。」――

この記事を受けて、最後に綴られた著者の一文。
――〈生きている人々にとっては〝戦争〟はまだ終っていない。〉――「生きている人々にとっても」という並列ではなく、「生きている人々にとっては」と強調されなければならない意味。仮託された死者の声によってこそ、不可視化されてきた死者の声の蘇りによってこそ、こうして、わたしたちは生きている、ということを知らしめているのだろう。

（さきやま・たみ　小説家）

（ふたつ）

徘徊の棲家・ハニビルレ

応答にかえて

老いた《ハルモニ》海女のための場所
ハニビルレ*1

老いた海女たちは　海の水の重圧を耐えられず
それでも水の中でしか呼吸できない　生きられない自分の身体のことを見つめつつ
ひとつの場所を見つけ出した
溶岩の塊が陸地の果てから海のほとりに流れ着いて降り沈んだところ
海の底でもなく　まるで舟のように現れることもなく　海の中にある小径のように
ハニビルレ

やがて老いた海女は誘い出す

幼い海女を
いまだ水を恐れ　海を恐れ　しかし　底へ向かう底なき欲望を抱えつつ
からだを寄せてくる　無邪気な　無垢な若い海女たちを

海の底の深淵の方に行かないこと
行かせないこと

静かに抱かれる場所
ハニビルレ
老いた海女たちへ行く道《キル》　ハルモニたちへの道《キル》
そこに流れる孫たちの時間

呼び合う声　うっすら　うっすら浮遊する言葉たち
恐怖の　みつめる恐怖の心の力がこれ以上残されていないような

切れ切れの言葉たち

証言たちの墓のほとり
長い年月父のからだにこびりついていた白い塊のフケのように
封墳《ボンブン》たちが佇む
記憶のない　記憶の姿のない　しかし記憶のように
自分の死をみつめるように

証言の現れ　語ろうと意識をし始めた瞬間から追いかけてくる強いられた沈黙
必ずしも要求されない　言う必要のない
しかし　その存在そのものが証言として　あるいは証言のようにいられるとすれば
破片的な言葉たちを統合しないこと　そしてそのままそれを並べて配置する
現実との接近を狙うことなく　形態にしない　形態にするために試みしないこと

遺体たちの混じりあい
老いた時にしか訪れない　ある瞬間の　しかし鮮明に取りつく幼い頃の記憶
証言と証言の間を徘徊する秘密たち
漏れていく　埋もれていく時間たち

孫たちの時間へ

二〇一八年二月八日、そして
二〇一九年九月一五日に長野から手紙が届く。*2
久保田桂子さんの、シベリアに抑留されていた祖父。一緒に抑留された日本の兵士への切実な思いを当てのない場所に送り続けた朝鮮の元兵士を探し求め、朝鮮に渡って映像を撮るまでの記録。長い旅の後で偶然見つけた、押入れの埃の中に眠っていた祖母の押し花のノート。その思いが綴られている。

（私の亡くなった祖母が遺した、満州で摘んだ百日草など押し花のノートについて描いています。戦争、花、女性たちの視線、爽やかな感情の記憶について何か形にしたいと思いながら、そのほんの一部だけ形にできたものです。）

ある恐れとときめきを抑えながら、「おばあちゃんの押し花」を見始める。
たった九分間の中に収められている満州での百日間の思い、残されたものとしての押し花の手帳。村の人たちの証言。日本に戻って来てまもなく敗戦、残された満州の人々の集団自決。互いの殺し合い、にもかかわらず生き残された、生きながらえたと嘆く祖母の村の友人の証言。握りなだめる両手を静かに映すまなざし。女性たちの、楽しかった、忘れられない青空と、満州に咲いていたお花への思いに重なる。
集団自決の記憶に追われ、残され、ながらえた時間
映像が揺れる、ぶれる
誰にも話すことができなかった村の記憶たち。

最後の屑、垢として残される記憶の形態。祖父の顔。切れてしまう日本語。
殺人の経験。撮れない、写せない顔。切れる日本語。
封墳《ボンブン》の形態として、墓になれない、墓を拒否する、埋められる資格を拒否する、
拒否される。埋められる資格のないことをもって抵抗する死。祖父の顔。

(後になって思うと、自分が手にかけた中国の人達について祖父が口にしたのは、
後にも先にも、あの一度だけだった。祖父はうっかり口がすべったのかもしれない。
あの日も食卓で皮肉っぽい口調で母にこう言った。
「桂子についに、人を殺した話までさせられちゃって」)

静かな
しかし決して消えないうねりのような喚きを抱えている認知症の身体
その前で竦《すく》む孫のからだ

萌芽　芽生え　ものごとの始まり　あるいは証言の始まるところ
しかし、触るな　語るな　書くな　生の彼方　あの生に　孫たちの時間
憎悪たちが悲しみへ向かうハニビルレの場所

耐えていくための幻想

破裂しそうな
列島に追いかけてくる声なき叫びたち　証言たち
いつまでも戻ってくる　波打つ声たち
そのほとりでその破片たちを壊さないように
そっと触れずに抱え込んで密かに一緒に沈みゆく
震えるからだ

耐えていくために必要な幻想　直視しないために　対面しないために

そして未だためらう弔いのために

（その日、私がお茶を持って部屋に行くと祖父はベッドに座っていた。窓の外に見える果樹園の明るさに比べて、部屋の中は暗かった。部屋の引き戸を開ける音が聞こえていないのか、部屋に入っても祖父は私に気づかないようだった。机に湯呑を置き、ベッドの傍らに腰かけると、祖父の顔を見て驚いた。頰に涙の筋が見えた。祖父は顔を上げ、入院中から何度も耳にした言葉を吐いた。「あんたにこんな風に、世話してもらう価値なんて俺にはないよ。中国で俺はひどいことをしてきたんだ」。病院の時とは違い、声が震えていた。そして右手をゆっくりと自分の胸のところまで持ち上げ、私の眼を見た。「殺したのは向こうの兵隊だけじゃないんだ。このくらいの背丈の子供もいた、殺したのは俺だよ。あんた、俺はこんな風に生きていてもいいんだろうか」。祖父は涙を流しながら、まるで自分が殺された子供であるかのように怯えていた。）

しかし、孫は
幼い頃の自分を抱いてくれた、朝鮮から村に来た女性たちの記憶を語る祖父の顔を
想い出そうとしていた。

ほとり。〝私はみる、私が愛するあなたたちの記憶の中で、
あなたたちと切り離されて死んでいる私の姿を。
そして私は泣く、私の墓のほとりの、
私自身の子供たちのように〟。*3

人はどのように　自分の内部をみつめることができるのか。
深淵、その姿は証言の場所。
誰のために、誰に向かって、誰に果たして残したいのか、本当に残したいのか。
漏れるものたちの絶望と場所の記憶の混ざりあい

認知症の時間　誰かが呼ぶ　呼びあう

沈黙してきた　沈黙させられてきた加害の記憶が
認知の時間までこびりついてなんどもなんどもからだを刺す

加害の記憶を殺す国家の沈黙　国家の二重の否認に
必死に抵抗する　海から列島へ訪れる　破裂しそうに腫れむくんでいる証言たち
認知症の姿をもって現れる記憶たち

歴史喪失の喪失　関係性の喪失　個別にはなりきれない　なれないまま
きれぎれの遺体の塊
遺体の塊として地面の下に埋められた記憶
そして流れない時間　止まってしまっている　止まらせた時間

国家以前の客死の塊に追われた四・三の島*4
あらゆる関係を消してしまった　消されてしまった虐殺
その共同体の個別の関係性を問うことすら　しかし埋めることすらできない
その遺体　死体たちの塊のこと

勒印《ヌギン》　勒印《ヌギン》　たどたど　たどたど　たどたどしく　切れ切れに　切れていく
つねづね　繋がっていく
連座制の網から漏れてくる密航の言葉たち
山の中での証言の欠落
話せない　話さない良民の被害者たち
つまり山の人は誰もいなかった

続く国家の否認　冷たい沈黙
記憶たちの間でしゃがみこむ

硬くなっていく道　硬く固まっている道

そして現れてくる家族たちの間の内密な時間
言わなかった時間　言おうとしなかった時間
しかし言いたかった時間　話したかった時間をひとつずつ拾い掬う

私のようにならないことを、私のようにならないように

徘徊する言葉たち
問い正すことによって蝕まれる証言の言葉たち
新たな境界の再配置とともに現れる国家の沈黙を支える
いわゆる認識の　解釈の暴力たち

壊された関係

壊れてしまった　分からなくなった関係性を再びひとつひとつ個別の記憶へ
しかし誰もが所有しない　もつことのできない徘徊する形としてその場にいさせる
願いの形として残す　残させる　残るものだけが残る認知症の時間

そして常につきまとう沈黙

反芻すること　腐らせること
何度も死ぬこと　死にながらえること
生きて死んでいること　憎悪を抱える自己が消えていく場所

分からない　しかし知っていることの　忘れないことの
忘れていたが忘れることのできなかったもの　忘れていたと思っていたけれども
しかし忘れたことのなかったこと　なかったもの

同意の世界を断ち切って日常は過ごしている
訪れる場所は身体へ　夢へ　また沈んでいく　そしてまた突然現れてくる
徘徊していく
認知のからだを知っている記憶たちの姿

アビ　オヤジの日本語　残骸の日本語の間にありえた山の人たち
再び隠されたものたち　残骸の言葉
アビ　親になる以前の山の人の日本語　娘になった以後の日本語は*5
遺骨の塊の証言たちの前で
だんだん枯れていく　消えていく
あらゆる関係性を壊されてしまった虐殺の後に残った遺体の塊の前で
残ることすら拒否するかのように乾いていく　離れていく
身の動きをとれず　ただ遺体の塊たちをさする　撫でるとき
送り届けられた声

〈なぜ泣く
わが子孫の
芳美よ
〔……〕
涙を流し
涙を流し
おまえが
あまりに泣き続けるものだから
わしは
次元を超えて
おまえに語りかけずにはおれなかったのじゃ
涙をふいて
聞いてくれ

わしらの
涙も凍る話をな
〈……〉
芳美よ
どちらでもいいのだ
おまえの好きなようにすることだ
わしは日本語も充分話せたがのう
そりゃアイヌ語の響きのほうがいいさ
だが
無理することはない
言葉にせずとも
想いは伝わる
こうして
わしと

おまえは
語り合っておるではないか
ピラトリに
ピラトリの土に
戻してくれれば
それでよい
〔……〕
わしらの生存権を
じりじりと奪い
貧窮に落ちるのを待って
多くの者を
強制労働に連行し
死してなお
わしらの骨を弄ぶ

芳美よ
泣くな
彼らはなにをしているのか
わからないのだ
そのうち気づかされるさ)*6

紫陽花の島　紫陽花の花の島　鬼の花と言われていた
植民地が残した島の痕跡
美しく咲いている東の鬼の花の庭園　島のひとつの虐殺の場所
父の孫はその東の島へ棲家を
海に濡れている湿気　海に濡れた封墳の上の生活が始まる

（ふと気がつくと、何処からかあの風が、ススキの森の中に自分の殺した島の
人々と一緒に眠っている父の影をのせ吹いてくるのです。

消え去ることの無い
記憶、
痕跡、その塊。*7）

二〇一九年一〇月

＊1　コウガワンミン他著『済州島海岸村の海の畑の名前と生活史調査研究』済州研究院済州学研究センター、二〇一八年一一月（韓国語）。
（済州の海での老いた海女の遺体発見によって、若い海女たちが潜ることを学ぶとともに、もはや深いところに行けないハルモニの海女たちの場所であるハニビルレの存在が浮かび上がる。――「京郷新聞」二〇一八年七月九日付。済州島では、海に生きる女性たちの静かで濃い結束の自然共同体が形成されていたが、一九三二年、その生存権を脅かされたことに抵抗して起こした〝海女闘争〟は、その後に続く済州島における抗日闘争の嚆矢となった。）
＊2　久保田桂子『記憶の中のシベリア』東洋書店新社、二〇一七年。同監督の映像作品として、『祖父の日記帳と私のビデオノート』二〇一三年、『海へ　朴さんの手紙』二〇一六年、『おばあちゃんの押し花』二〇一九年。
＊3　ジャック・デリダ『生きることを学ぶ、終に』鵜飼哲訳、みすず書房、二〇〇五年。
＊4　四・三関連資料として以下がある（いずれも韓国語）。
●四・三島民連帯編集（ムンソヨン記）『勒印――4・3受刑生存者七人の記録』GAK、二〇一八年。

済州島四・三の受刑者のほとんどは、その後沈黙するか、あるいは行方不明となったが、名乗りを上げた生存者たちの中で、名誉回復を訴えた七人の裁判記録。

・済州四・三犠牲者遺族会記録集『全国刑務所跡および虐殺の場所――行方不明の魂への儀礼』二〇〇八年三月。

・済州四・三研究所『在日済州人四・三証言採録集』二〇〇三年一〇月。
植民地時代から密航を重ねつつ四・三を生き延びた在日たちの最初の証言記録集。

＊5 （父は日本に生まれ、その後叔父の養子として済州島に。一九四七年三・一運動をきっかけに起きた四・三蜂起の山のゲリラ武装隊に加わる。囚われて投獄され、その後移送された先々の刑務所での餓死と虐殺をかろうじて免れる。その後島に戻り、思想犯として朴正熙政権末期で監視が厳しくなっていく最中の七八年一〇月にその生涯を終える。翌年一〇月に朴が暗殺され、八〇年には光州事件が起きる。）

＊6 土橋芳美『痛みのペンリウク――囚われのアイヌ人骨』草風館、二〇一七年。
（風の強い雪の降る日、私たち二人は北大の職員用駐車場の片隅にある「アイヌ納骨堂」に行った。

建物の横に花を供え、牧師先生と共に祈った。

ペンリウクばかりではない。全道各地からそして樺太からも集められ、いまだに解放されない囚われのアイヌ人骨、その霊魂にかける言葉が浮かばない。ただ涙とともに拝礼するばかりだった。

ペンリウクが逝って一一三年。

墓を掘りかえされて八三年がたつ。

そして今も遺骨は北海道大学のなかにある。

二〇一六年一二月一八日　記
（一九八〇年代新聞報道などを通じて明らかになった北海道大学が所蔵するアイヌ人骨の返還を求めた動きの中で、二四歳の時にアイヌ宣言をした土橋芳美さんの著書。この本は二〇一七年に北海道の花崎皋平さんよりお手紙とともに届けられた。）
＊7　李静和「遠い島の友へ――尹東柱「たやすく書かれた詩」『思想の科学』一九九五年二月号(本書所収)。

初出一覧

（ひとつ）

つぶやきの政治思想　求められるまなざし・かなしみへの、そして秘められたものへの
『思想』一九九七年六月号

（ふたつ）

遠い島の友へ……　尹東柱「たやすく書かれた詩」　『思想の科学』一九九五年二月号
友人はみな〝軍人〟だった　『思想の科学』一九九二年一一月号
それはフケのせいなのよ　『朝日新聞』一九九九年三月三〇日(＊)
影の言葉を求めて……　いまだ幽冥の場所から　『思想』二〇〇三年一一月号(＊)
あなたへ　島　『朝日新聞』二〇〇三年一一月二九日(＊)

（ひとつ）

ある「まなざし」の経験　鵜飼哲による応答　『現代思想』一九九七年八月号

忘却は蘇えるか　金石範による応答　『思想』一九九八年五月号
〈べー〉を反芻する　崎山多美による応答　本書のための書下ろし

（ふたつ）
徘徊の棲家・ハニビルレ　応答にかえて　本書のための書下ろし

（＊）は『求めの政治学——言葉・這い舞う島』（岩波書店、二〇〇四年）に収録。ほか書下ろしを除いて、『つぶやきの政治思想——求められるまなざし・かなしみへの、そして秘められたものへの』（青土社、一九九八年）に収録。本書への収載に際しては単行本版を底本とした。

本書は、一九九八年一二月、青土社より刊行された『つぶやきの政治思想』を再編集したものである。

新編 つぶやきの政治思想

2020年4月16日　第1刷発行

著　者　李《り》 静《じょん》 和《ふぁ》

発行者　岡本　厚

発行所　株式会社　岩波書店
〒101-8002 東京都千代田区一ツ橋 2-5-5
案内 03-5210-4000　営業部 03-5210-4111
https://www.iwanami.co.jp/

印刷・精興社　製本・中永製本

ISBN 978-4-00-600419-4　Printed in Japan

岩波現代文庫創刊二〇年に際して

二一世紀が始まってからすでに二〇年が経とうとしています。この間のグローバル化の急激な進行は世界のあり方を大きく変えました。世界規模で経済や情報の結びつきが強まるとともに、国境を越えた人の移動は日常の光景となり、今やどこに住んでいても、私たちの暮らしは世界中の様々な出来事と無関係ではいられません。しかし、グローバル化の中で否応なくもたらされる「他者」との出会いや交流は、新たな文化や価値観だけではなく、摩擦や衝突、そしてしばしば憎悪までをも生み出しています。グローバル化にともなう副作用は、その恩恵を遥かにこえていると言わざるを得ません。

今私たちに求められているのは、国内、国外にかかわらず、異なる歴史や経験、文化を持つ「他者」と向き合い、よりよい関係を結び直してゆくための想像力、構想力ではないでしょうか。

新世紀の到来を目前にした二〇〇〇年一月に創刊された岩波現代文庫は、この二〇年を通して、哲学や歴史、経済、自然科学から、小説やエッセイ、ルポルタージュにいたるまで幅広いジャンルの書目を刊行してきました。一〇〇〇点を超える書目には、人類が直面してきた様々な課題と、試行錯誤の営みが刻まれています。読書を通した過去の「他者」との出会いから得られる知識や経験は、私たちがよりよい社会を作り上げてゆくために大きな示唆を与えてくれるはずです。

一冊の本が世界を変える大きな力を持つことを信じ、岩波現代文庫はこれからもさらなるラインナップの充実をめざしてゆきます。

（二〇二〇年一月）